METRO

走近轨道交通科普系列丛书

你不知道的
地铁建设

张中杰 主编
陈锦剑 朱观华 副主编

同济大学出版社 · 上海

图书在版编目（CIP）数据

你不知道的地铁建设 / 张中杰主编. — 上海：同济大学出版社，2022.12
（走近轨道交通科普系列丛书）
ISBN 978-7-5765-0468-2

Ⅰ. ①你… Ⅱ. ①张… Ⅲ. ①地下铁道－铁路工程－建设－中国－青少年读物 Ⅳ. ①U231-49

中国版本图书馆 CIP 数据核字（2022）第 214436 号

走近轨道交通科普系列丛书

你不知道的地铁建设

张中杰　主编
陈锦剑　朱观华　副主编

策划编辑　陆克丽霞　　**责任编辑**　陆克丽霞
责任校对　徐春莲　　**装帧设计**　潘向蓁　王　翔

出版发行　同济大学出版社　www.tongjipress.com.cn
（地址：上海市四平路 1239 号　邮编：200092　电话：021-65985622）
经　　销　全国各地新华书店
印　　刷　上海安枫印务有限公司
开　　本　710mm × 1000mm　1/16
印　　张　8
字　　数　160 000
版　　次　2022 年 12 月第 1 版
印　　次　2022 年 12 月第 1 次印刷
书　　号　ISBN 978-7-5765-0468-2

定　　价　58.00 元

走近轨道交通科普系列丛书编委会

总 序

城市轨道交通作为一种绿色低碳的城市交通系统，是目前解决我国城市交通问题和大气污染问题的最佳方式。早在20世纪90年代末，国内就已掀起了城市轨道交通建设的热潮，并且范围越来越广。随着城市轨道交通建设如火如荼地进行，城市轨道交通科技也在蓬勃发展。土建、车辆、供电、通信、信号、综合监控、机电设备及消防系统等与城市轨道交通相关专业的技术成果丰硕。城市轨道交通成为支撑、引领经济快速发展和推动社会进步的新引擎。因此，推动轨道交通领域的科技进步与创新、促进先进技术的更新与应用、提高群体科学素养就显得尤为重要。

“走近轨道交通科普系列丛书”正是从广大市民的角度出发，围绕大家关心的问题，以“一问一答”的形式，深入浅出地介绍城市轨道交通科学知识及安全出行要点。本套丛书语言通俗易懂、叙述生动有趣，地铁源于“查尔斯·皮尔逊与老鼠的一次历史性的‘会面’”“地铁车辆每节车厢下面都‘别有洞天’”“你可以想象列车凭借一根钢轨悬挂在半空中”……这些阐述均来自本套丛书，相信一定能够激发读者对轨道交通的浓厚兴趣，为他们打开一扇了解轨道交通的窗口。

本套丛书的编者中有活跃在轨道交通设计研究工作第一线的青年科技骨干，也有活跃在教育领域第一线的青年教师。他们在总结实践经验的基础上，碰撞思维、跨界交流、精心甄选，为读者描绘出一幅幅轨道交通的知识画卷，带领大家感受轨道交通前沿科技的魅力。同时，本套丛书还有助于拉近读者与轨道交通专业工作者之间的距离，让读者能够理解城市轨道交通建设中必不可少的“阵痛”，学习轨道交通突发事件的正确应对方式，从而更好地融入新时代城市数字化转型的进程，进一步认可、接受并选择绿色低碳出行，助力国家实现“双碳”目标。

全国勘察设计大师

2021 年 12 月

丛书前言

城市轨道交通是人们出行的重要交通工具。相比于城市道路和桥梁，轨道交通是一个较新的领域，因此不易被青少年及广大市民所了解。在日常搭乘轨道交通的过程中，有时人们会像历史学家，关心地铁发明者是谁、地铁的出生地在哪；有时人们像设计师，关心地铁是如何穿越江河、如何“掉头”的；有时人们又像文化学者，关心地铁线路颜色背后的故事、有轨电车的艺术长廊……

于是，城市轨道交通仿佛变成了一个个问号：这是什么？那是什么？为什么会这样？为什么会那样？……怎样才能方便又贴心地满足大家无穷无尽的好奇心和求知欲呢？“走近轨道交通科普系列丛书”就是一个不错的选择，可以帮助大家解决不少的疑问。

本套丛书共十册，分别为《你不知道的地铁历史》《你不知道的地铁设计》《你不知道的地铁建设》《你不知道的地铁运营》《你不知道的地铁文化》《你不知道的轨道交通》《走近有轨电车——趣谈篇》《走近有轨电车——设计篇》《走近有轨电车——建造篇》《走近有轨电车——运营篇》。本套丛书以地铁、有轨电车及其他轨道交通为主题进行编排，从历史、设计、建造、运营、文化等角度进行阐述，内容丰富、涉及面广，语言简洁易懂、生动有趣，不仅可以最大限度地满足读者对轨道交通知识的需求，而且还能让读者充分理解城市轨道交通建设的艰辛与不易。

本套丛书融入了编者们在这一领域多年的积累，所包含的条目都经过编者们的精心挑选和甄别，向广大读者描绘了近200年城市轨道交通的绿色发展历程。希望借此能加深读者对我国“碳达峰与碳中和”目标的理解，引导绿色低碳出行。同时，本套丛书还展现了当今城市轨道交通涉及的各种前沿技术，让读者能深刻地感受到数字化带来的科技与便利，赋能数字化实践，助力城市数字化转型。

本套丛书得到了上海市科学技术委员会科普专项项目资助，也得到了上海市城市建设设计研究总院（集团）有限公司、上海中学、上海交通大学、同济大学出版社、中铁五局集团有限公司等单位的支持，在此表示衷心的感谢！

本套丛书中的少量图片来自网络，无法联系到图片版权所有者，我们在图片下方均已标明图片来源，若有相关事宜需要处理请与我们联系。

由于编者们的工程经历及学术水平有限，书中疏漏及不当之处在所难免，敬请广大读者不吝指正。

本书编委会

2021年12月

目　录

METRO

1 建一条地铁线要多久

一幢普通的 20 层住宅楼平均建设时间约为两年半，跨越上海黄浦江的卢浦大桥从开工到通车花费了两年零九个月。那么，相较于这些老百姓平时可见的地上工程，一条隐匿于地下的地铁线路，其建设需要多长时间呢？这就说不准了，因为时间跨度可能很大。

典型高层住宅工地现场

上海卢浦大桥

地铁建设是一项非常复杂的大工程，其中包含的技术专业多达 40 多个，其施工步骤也是较为烦琐的。更重要的是，地铁线路并不是在一块光秃秃的空地上建设的，沿线所穿越的城区不仅存在地下的电力、雨水、污水、自来水、燃气、通信及热力等管线，需要多部门审批及施工协作，还涉及邻近房屋和园林景观的拆迁、市政道路的导改、各项专业评估、地层变形控制、噪声及扬尘控制、渣土外运限制及夜间施工限制等。因此，地铁的建成时间主要取决于该条地铁线路所穿越地区的环境条件及其自身的建设规模。

同样是地铁线路，对于那些穿越中心城区、成熟商圈、大型居住组团区的骨干辐射线路而言，其建设时间相对较长，而对于那些位于城市郊区的地铁延伸线路及环形连接线路而言，其建设时间相对较短。

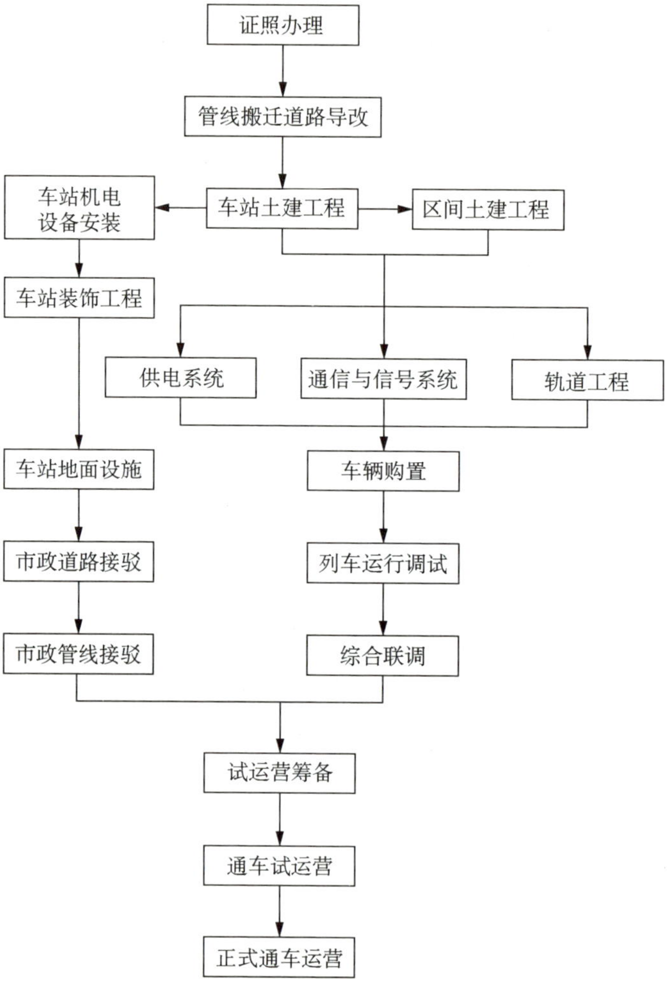

地铁线路施工步骤简介

以上海地铁 11 号线为例，整条线路的修建时间长达九年，这也是目前我国地铁线路中修建时间最长的一条。同时，上海地铁 11 号线全长 82.4 km，也是目前世界上最长的地铁线路。然而，主要位于上海市郊青浦区境内的上海地铁 17 号线，全长 35.3 km，共设 13 座车站，开工后仅两年零八个月便通车运营。从全国范围的普遍情况来看，一条地铁线路的平均建成时间一般为 4～5 年。

上海部分地铁线路情况及建设时间统计

线路名称	线路长度 /km	站点数量 / 座	施工时间
上海地铁 6 号线	33.5	28	五年
上海地铁 11 号线	82.4	38	九年
上海地铁 14 号线	38	31	五年零一个月
上海地铁 15 号线	42.3	30	五年零六个月
上海地铁 17 号线	35.3	13	两年零八个月

此外，若整条地铁线路中有局部区段未能及时施工完毕，可剔除该区段后先行运营，这种情况被称为“分段运营”。例如，上海 2010 年世博会期间，为便于广大国内外游客参观世博展览馆，将轨道交通 13 号线穿越世博园段先于全线通车前投入运营。另外，当整条地铁线路中有个别车站未能达到运营条件时，也可采取“跳站运营”的方式，即地铁列车全线通行，但途经被“跳站”的车站时，车辆不停站，乘客也不能上下车。

2 地铁建造的“通关文牒”有哪些

如果把漫长的地铁建造过程比作唐僧前往西天取经的征途，那么施工单位在动工前需要办好的各种手续和证照，就好比使唐僧能顺利通过各国的通关文牒。

地铁建设不仅能有效缓解交通拥堵等“大城市病”，还能促进工业、运输、房地产等相关产业的发展，刺激就业，促进沿途土地升值，因而具有重大的经济效益和社会效益。同时，由于地铁建设的工程投资很大，因此在其筹建阶段必须经过严格的论证和重重审批，从而保证该项地铁工程的必要性、科学性和合理性。

一条地铁线路在正式开工建设前需要完成的研究过程和报批程序包括：

（1）线网规划阶段——主要确定所在城市规划建设的轨道交通整体网络布置情况，如总共要建设几条线路、每条线路的大致走向、换乘站位置的确定等；相关成果由自然资源部或省级自然资源主管部门组织技术审查和批复。

（2）建设规划阶段——针对某条具体的地铁线路进行，一般 5 年为一个周期，同时需要完成“地震安全性评价”“地质灾害危险性评估”“节能评价”三个配套专题报告的编制和审查；相关成果由国家发展和改革委员会同住房和城乡建设部审批。

（3）工程可行性研究阶段——研究确定拟建地铁线路的走向、敷设方式（地下、高架或地面）、线路长度、车站数量、工程投资估算；同时，需要完成“用地预审与选址意见书”“社会稳定风险分析报告”“地质灾害危险性评估”“压履矿产资源评估”“节能评估”“客流预测”“水土保持方案评价”“防洪影响评价”“场地地震安全性评价”“交通一体化规划”“文物保护专题”“防内涝评价”“安全预评价”“工程风险分析报告”“环境影响评价报告”“职业病危害预评价”“公共卫生学预评价”“工可阶段岩土勘察报告”等专题报告的编制和审查；相关成果由省级发展和改革委员会审批。

（4）初步设计阶段——进一步明确具体站点方案、列车运营组织方式、工程投资概算等；同时需要完成“运营服务”“公共安全”“环境保护”三个专篇；相关成果由省级发展和改革委员会审批。

（5）施工图设计阶段——形成可指导现场施工的设计图纸，完成风险专项评审、抗震专项评审。

（6）施工证照办理——依次取得“建设用地规划许可证”“建设工程规划许可证”“施工许可证”等。

从上面的介绍不难想象，想要获得这些“通关文牒”，其过程必然不易。不过，虽然这些文书晦涩难懂，但是普通老百姓可以在政府信息发布平台和指定网站方便地了解地铁筹建过程中的线路选线专项、站位选址、环境评价等内容并发表意见。

3 造地铁为什么总要占马路

地铁建造时，通常大家最直观的感受就是平时常走的路被施工工地圈占了一大块，通行车辆只能绕着工地行驶，而工地成为交通拥堵的瓶颈点。也许大家会好奇，明明城市地方那么大，为什么地铁车站偏偏要选择在道路范围内施工建造呢？

地铁车站施工场地占用原有道路

要回答这个问题，首先需要了解城市土地的“规划属性”，通俗来讲就是这块土地被规划的用途。以上海市浦东新区陆家嘴中心区为例，从其规划土地结构图中可以发现，整片土地中绝大部分标记的是红色和黄色，分别代表的是商业办公用地和住宅用地。这类土地一般都是由地产开发商通过竞拍获得后，再进行商业地产或住宅地产开发，随后出售或出租。

地铁属于典型的用于公共交通服务的城市基础设施，为避免对各权属地块内的开发造成影响，因而主要设置于市政公用用地内，最典型的就是设置于市政道路范围内，这也是为什么地铁建造时总要占路的原因。当然，也有例外的情况，比如车站恰好可以设置在大型公共

上海市浦东新区陆家嘴中心区规划土地结构图

绿地内、相邻待建商办地块的开发商恰好愿意与地铁车站结合开发等，这种情况就可以避免车站施工对原有道路的影响。

4 为什么说上海造地铁像在“豆腐里打洞”

“豆腐里打洞”是自上海地铁还在孕育阶段起就一直存在的一个有趣的说法，流传已超过 70 年。原来，上海刚开始建地铁时遇到了很多困难。早在 20 世纪 50 年代，苏联的城市规划专家应邀来上海商讨上海地下铁道规划问题，经过仔细勘测，苏联专家们一致认为，上海地层饱含水分又十分软弱，而隧道施工怕软不怕硬，在如此软弱复杂的地层施工，犹如“豆腐里打洞”，几乎是不可能的。自此，“豆腐里打洞”的说法不胫而走。

那么，上海地区的土层地质条件到底是怎样的呢？上海地处长江三角洲冲积平原，地势平坦，地层分布成层性较好，地层结构类似于分层奶油蛋糕，软硬厚薄程度各不相同的土层就好像蛋糕中的果酱层、奶油层、蛋糕胚等。

说上海地区土层松软像豆腐，主要因为两个方面：第一，土层里

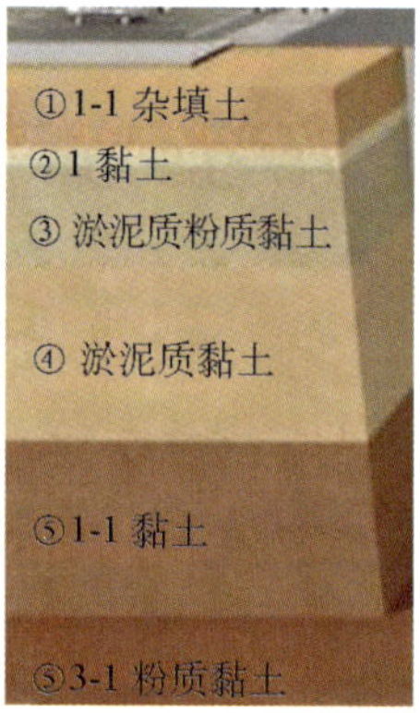

与分层蛋糕类似的地层分布结构
（左图图片来源：https://pixabay.com/zh/photos/food-cake-portion-dessert-4869871/）

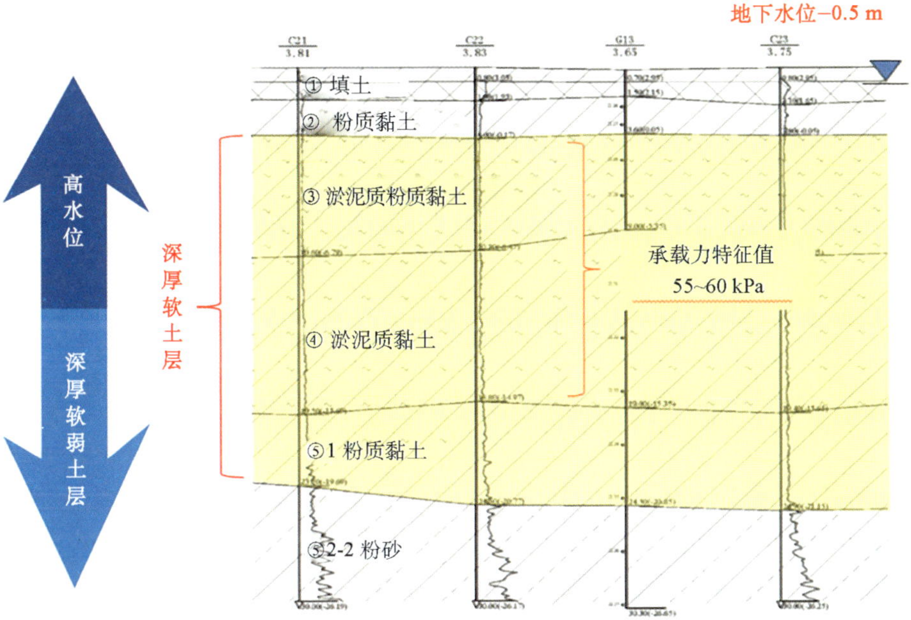

上海市典型地质分布剖面图

含水量高，地下水一般都在地面下 0.5 m；第二，地下 3～25 m 范围内存在深厚软土层，其承载力很低，一旦受力便很容易破坏并发生大的变形，这与又水又软的豆腐有很大的相似性。由于上述软土层的分布范围恰好是地铁工程所在的埋深，自然而然就给地铁建设带来了巨大挑战。

如同当年外国人不相信中国能靠自己的力量搞成“两弹一星”，而我国第一颗自主研发的原子弹在 1964 年 10 月 16 日爆炸成功一样，当年苏联专家说不行，我们就真不行吗？以刘建航院士为代表的老一辈隧道与地下工程专家们夜以继日地刻苦研究，用中国人自己的智慧和力量，成功在“豆腐”里打了洞，建成新中国第一条软土地区地铁线路，上海经过数十年的努力，截至 2022 年已有 20 条运营地铁线路，轨道交通运营里程共计 831 km（统计数据不含金山铁路），稳居全球城市第一，轨道交通日均客流量 978 万人次，在公共交通出行中占比超过 70%。

5 什么是地铁车站建造的“三大门派”

如同中华武林有大量门派百花齐放，地铁车站的建造方法也是分不同类别的，其中影响力最大、流传最广的主要有三种，分别是明挖法、盖挖法和逆作法。

要想知道三种建造方法分别是怎么做的，首先我们要了解一下典型地铁车站的结构形式。地铁车站一般是个地下两层的结构物，其中，地下一层称为“站厅层”，主要供乘客进出站、安检、防暴设备放置以及开展乘务服务、便民服务等；地下二层称为“站台层”，主要供地铁列车运行、乘客上下列车或候车等。习惯上自上而下的三块楼板分别称为顶板、中板和底板。

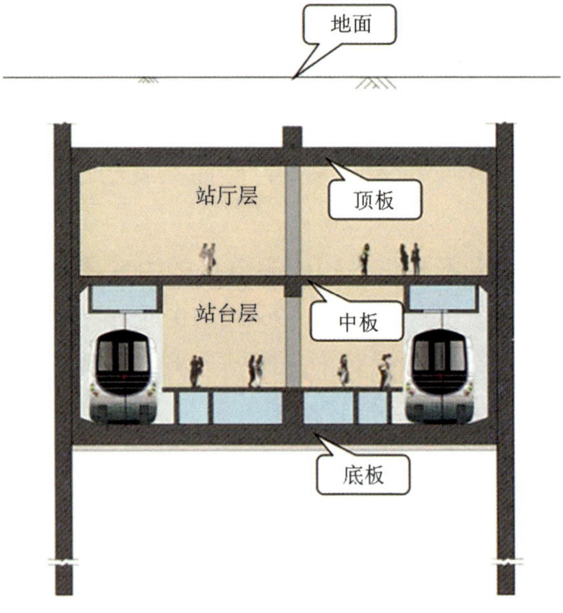

典型地下两层地铁车站剖面图

典型明挖法施工地铁车站鸟瞰图

典型盖挖法施工地铁车站鸟瞰图

所谓“明挖法”，简单来说就是在露天的情况下，从地面自上而下进行开挖，挖到底板底之后，又依次从底板至中板、顶板向上施工，最后覆土恢复地面的方法。这种方法相对安全又比较经济，所以是最为常见且首选的施工方法。当然该方法开挖前，需要提前将那些会影响施工的既有建筑和绿化拆迁，还得临时占用地面道路、搬迁地下管线等，因此施工前期的准备时间会很长。

当地铁车站所处位置恰好是车流量很大的重要地面道路，且地面交通无法承受地铁施工对道路的长时间占用时，“明挖法”便不再适合，工程界一般会改用“盖挖法”。它与“明挖法”的差别在于，建设者只挖掉表层土后，就直接在地面设置临时交通盖板，作为供车辆通行的临时道路，以求快速恢复原来的交通条件。同时，在盖板下方，会按照“明挖法”的方式自上而下继续挖土，并自下而上施工楼板。这样从大众的视角来看，虽然会施工挺久，但道路交通却能在短时间内就得以恢复。虽然该方法对社会面影响较小，但是相对“明挖法”就需要额外设置大量的盖板、桩基和临时钢柱，工程投资额会有较大增加。

最后来说说“逆作法”。当采用该方法时，先自上而下挖土到顶板底部，然后直接施工永久顶板并向上回填覆土恢复地面，同时在顶板下方继续挖土直到整个车站建设完成。当然，不可否认的是，“逆作

上海地铁 1 号线陕西南路站（淮海中路）顶板施工完成

上海地铁 1 号线陕西南路站（淮海中路）地面道路恢复

（图片来源：https://baijiahao.baidu.com/s?id=1646511607866692474&wfr=spider&for=pc）

法”的工程总造价、总工期都会显著增加，所以并不适用于所有车站，一般只在位置、环境特殊或对恢复地面时间要求特别高的个别车站才会采用这个方法。

以位于上海市淮海路的地铁 1 号线陕西南路站为例，施工时正处于 20 世纪 90 年代，作为上海城市名片的淮海路商业街，如果因为地铁施工中断 2～3 年，将是让人无法接受的。因此，在国内地铁车站施工中该站是首个使用“逆作法”施工技术的，把需要占路的施工时间压缩在 1 年内，恰好与淮海路整体升级改造时间相匹配，大量剩余的车站施工可以在不占路的情况下完成，这样便给人产生好像地铁施工只需要 1 年的错觉。

6 不挖地面造车站的“密宗武功”

前面介绍了地铁建造的“三大门派”，但是细心的读者会发现这三种建造方法有个共同的特点，就是都需要开挖地面，只是占用道路的时间长短不一样以及采用了不同的路面替代方式。虽然人们十分希望享受到地铁建成后的便利，但又不得不经历着地铁建设期间的“阵痛”。那么问题来了，有没有办法在完全不挖开地面的情况下造出地铁车站呢？

答案是：当然有，而且，办法还不少。那就要说到不在“三大门派”之内的招式——“非主流密宗武功”。这些方法一般都在特定的场景或条件下得以使用，以上海地铁为例，已完成的实践案例有如下这些。

（1）藏在商场里的地铁车站——9 号线徐家汇站

该地铁车站身处徐家汇地区的商业地标建筑——港汇广场的地下内部，建造全过程未开挖地面，仅通过对原地下车库进行局部改造，便建成了一个地下两层的地铁车站。

上海地铁 9 号线徐家汇站

（2）高架桥下的地铁车站——14 号线静安寺站

该站需要下穿上海市“三纵三横”主干交通路网中的“中横”——延安路及其高架桥，工程实施难度很大，且延安路不具备任何临时中断的条件，故该站中段采用三条隧道的方式穿越，施工全过程均未开挖延安路地面且未中断车辆通行。

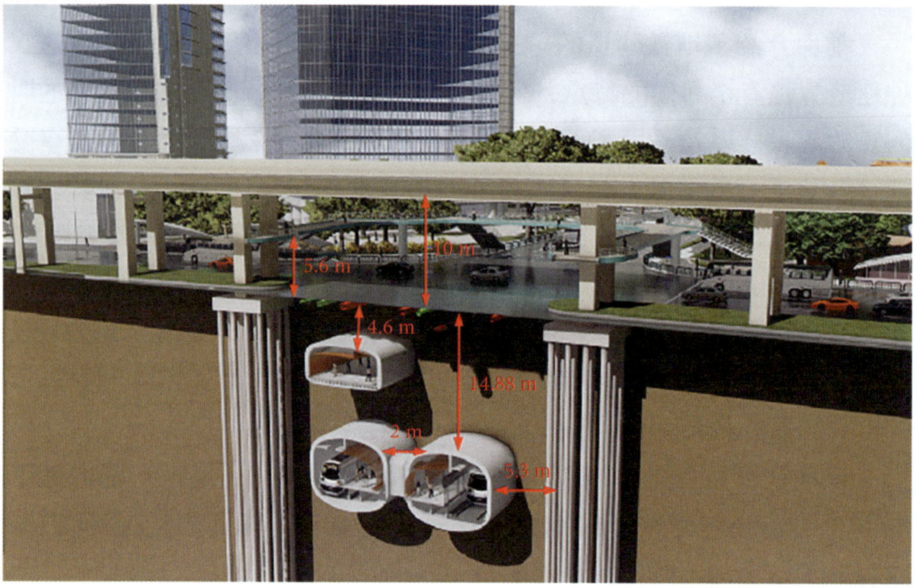

上海地铁 14 号线静安寺站下穿延安路段三维效果图

（3）保护建筑下的地铁车站——18 号线江浦路站

上海地铁 18 号线在江浦路站与既有 8 号线形成十字形换乘站，但由于地铁站所在区域紧邻保护建筑，地面交通繁忙、地下管线密布且不具备搬迁条件，因而无法采用常规的明挖法施工，最终采用了冰冻法施工。所谓冰冻法施工，简单来说就是先把该区域土层进行超低温冷冻，在低温条件下，水变成了冰，不再流动，原来的软土也因为冻成了“冰砖”而有了足够的强度，最后在完成冻结的土层里把土体挖除并完成车站结构施工的方法。由于无须开挖地面，因此施工期间始终可以保持地面车辆的正常通行。

上海地铁 18 号线江浦路站地面条件

（4）高压电力走廊下的地铁车站——14 号线武定路站、23 号线闵行开发区站

在所有的地下管线里，高压电力管线无疑是最难对付的，这不仅是因为它对安全度的要求高，而且关乎国民经济命脉（如企业、学校、医院）的正常运营以及居民日常基本生活保障，影响范围可能是多个行政区，因此高压电力管线一旦建成往往很难搬迁。目前，随着中心

上海地铁 14 号线武定路站 1 号口建成实景

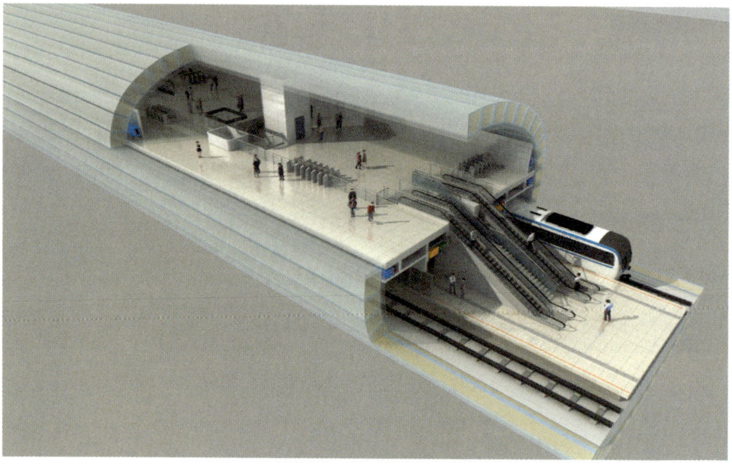

上海地铁 23 号线闵行开发区站方案图

城区架空电力先入地工程的不断推进，人们越来越少看到电力铁塔，这并不是说它们不存在了，而是它们隐藏到了地下，依然默默地保障着整个城市的运行。然而，当同处地下的地铁车站需要穿越高压电力管线时，将给工程推进带来极大的挑战。

面对上述困难，一种新型的非开挖暗挖工艺——束合管幕工法（Underground Bundled composite pipe Integrated by Transverse prestressing，UBIT）逐渐崭露头角。该工法通过结合现有的微扰动微型顶管技术和预应力张拉技术，可实现浅覆土、大跨度、一次性整体掘进，从而形成自由断面的通道型地下结构。该工法已在上海地铁 14 号线武定路站 1 号口中首次试点应用成功。

7 上海地下会不会因为造地铁被挖空

“雷峰夕照”是著名的西湖十景之一，位于浙江省杭州市西湖南侧、净慈寺前的夕照山上，因晚霞镀塔，佛光普照而闻名。雷峰塔始建于北宋太平兴国二年（公元977年），是吴越国王钱俶为庆祝黄妃得子而建，初名黄妃塔，后改名为雷峰塔。

雷峰塔曾经历几度倒塌和重建，它之所以远近闻名与民间传说《白蛇传》有很大关系。鲁迅先生的文章《论雷峰塔的倒掉》中也有相关描述。相传，法海和尚曾将白娘子镇压在塔下，塔身的砖石传言可以辟邪镇妖。于是，经常有老百姓偷偷去取一块带回家里。今天这人

西湖著名景点雷峰塔实景

拿一块，明天那人拿一块，久而久之，塔身被逐渐掏空了，也就难逃轰然倒塌的命运。

再说回上海地铁，随着地铁工程建设如火如荼，截至 2022 年，上海轨道交通运营总里程达 831 km，车站总数 508 座，已经稳居全球城市第一。人们经常会有疑问，处在软土地区的上海，随着地下不断被挖除土体、建造地铁，上海会不会终有一日被掏空，像雷峰塔那样突然下沉垮塌？

其实，对于这个问题完全不用担心，这是因为雷峰塔被抽取的塔砖属于支承构件，且抽一块少一块，所以宝塔才会倒掉；而在软土地区建造地铁虽然每次都在开挖，但是挖掉废弃渣土的同时会增加对应的支承结构，包括隧道、楼板、侧墙，所以不管造了多少地铁，整个地下场地仍然稳定，不会因为地铁建造而发生突沉垮塌。同时，从地铁网络示意图来看，目前上海的地铁线路已密如蛛网，实际上被挖除的土体在整个城市土地中占比是很微小的，这些地铁隧道和车站就好比是很多蚯蚓在地下打的洞，而土地并不会因为地下的这些蚯蚓洞而塌陷。

典型地下车站效果图

8 地下车站开挖的三件“法宝”

古希腊医学家希波克拉底说过：“医生有三件法宝——语言、药物和手术刀。”如今，各行各业似乎都有了三件“法宝”的说法，例如建筑工人的三件“法宝”——安全帽、安全带和安全网；职场新人的三件“法宝”——微笑、倾听和勤跑……在地铁施工方面，地下车站开挖也有三件“法宝”——围护结构、水平支撑和钢立柱。

在诸如上海、苏州、宁波等滨海软土地区，想要建造一个地下车站，就好比是在松软的沙滩里先挖出一个槽，再埋上一个长方形的硬盒子，这个挖出来的槽，专业名称叫作“基坑”，而这个“硬盒子”就是车站结构物。玩过沙子的人想必都知道，坑挖得越深，旁边的沙子

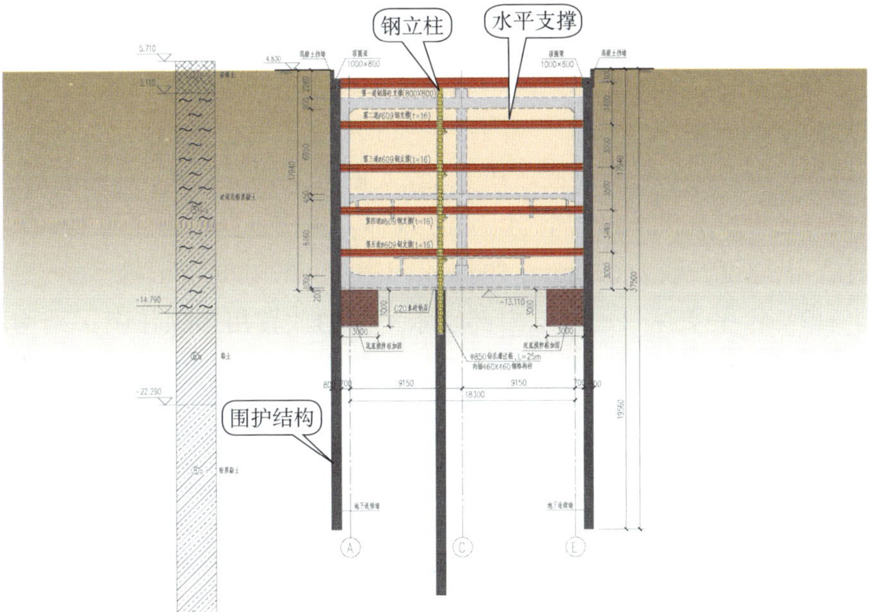

地下车站开挖施工三件“法宝”示意图

地铁施工三件“法宝”实景

越容易塌落进去。然而，地铁车站一般都挖得很深，地下两层车站的挖深在 16～20 m，地下三层车站的挖深则在 25 m 以上。因此，施工上就希望能有个魔法使挖出的基坑暂时稳定不动，然而要想成功释放这个“魔法”就需要同时用到上面提及的三件“法宝”了。

（1）围护结构——兼具“围合”“支挡保护”之意，沿着需要开挖的基坑周边围合一圈封闭设置，其中最常见的形式就是“地下连续墙”。它是沿竖向设置在土体里的钢筋混凝土墙体，直接把基槽外侧的土体牢牢挡住，其厚度一般为 600 mm，800 mm，1 000 mm，1 200 mm 等。

（2）水平支撑——基坑内部呈水平方向放置用来顶住围护结构的杆件，最常见的是圆形钢管，其直径一般为 609 mm 和 800 mm，支撑的水平间距为 2.5～4 m，竖向间距为 3～5 m。

（3）钢立柱——基坑内部临时的竖向钢柱子，用来托住水平支撑，使其充分发挥效用。

正因为三件“法宝”之间既相辅相成，又各显神通，从而让一个个地下车站成为现实。

9 地下车站挖出来的土去哪了

《愚公移山》是我们耳熟能详的故事，面对着雄伟高大的太行山、王屋山，年近九十的愚公坚定地表示：“即使我死了，还有儿子；儿子又生孙子，孙子又生儿子，子子孙孙无穷无尽，可是山却不会增高加大，还怕挖不平吗？”这份勇气和毅力让人十分钦佩。既然只要有恒心，连太行山和王屋山都可以被慢慢地全部挖平，那么随着城市地铁工程建设的快速发展，尤其是一些城市已有30年以上的地铁建设历史，日积月累挖出来的土想必也够堆出几座山了，然而这种情况并没有被看到过。那么挖出来的土究竟去哪了？

愚公移山雕塑

那些因地铁施工被挖出来的土，除了原有的成分外，可能会掺入化学浆液或颗粒，换言之，性质上已经从“天然土”变成“渣土”。鉴于环境保护的要求，渣土弃置是一项受到严格监管的施工活动。

首先，渣土只能倾卸到政府规定的指定弃置点以进行临时集中储存，而这些指定弃置点一般位于场地开阔、人烟稀少的城郊。其次，对于储存在弃置点的渣土会通过减量化、资源化、无害化的操作来实现综合回收利用，实现可持续发展和城乡人居环境改善，具体措施包括：填筑道路、渣土制砖、围海造陆及堆山造景等。

(a) 填筑道路

(b) 渣土制砖

(c) 围海造陆

(d) 堆山造景

渣土最终去向

（图片来源：（a）图：https://pixabay.com/zh/photos/construction-site-highway-renovation-2906337/；（b）图：https://pixabay.com/zh/photos/clay-brick-maker-worker-man-labor-6778557/；（c）图：https://pixabay.com/zh/photos/heavy-machines-digger-truck-working-2067150/；（d）图：https://pixabay.com/zh/photos/summer-leopoldinen-temple-3534479/）

10 地里挖个井都会蓄满水，为什么挖地铁车站时不会被水淹没

常言道，喝水不忘挖井人。水井一旦完成，便有源源不断的水以供使用。江西省赣州市瑞金城西的沙洲坝村，当年毛泽东带领村民挖了一口直径 1.07 m、深 6 m 的水井，从此解决了一直困扰当地的饮水问题，而当地民谣“有女莫嫁沙洲坝，天旱无水洗头帕”所描述的窘境一去不复返。该口水井至今仍在使用，且已成为红色旅游经典景区之一。

既然挖一个 6 m 深的井都能持续有水，那么挖个地铁车站就像挖了个又深又大的超级井，为什么挖地铁车站的时候，这口“超级井”

源源不断出水的水井

（图片来源：https://pixabay.com/zh/photos/water-well-tiled-roof-bucket-4247735/）

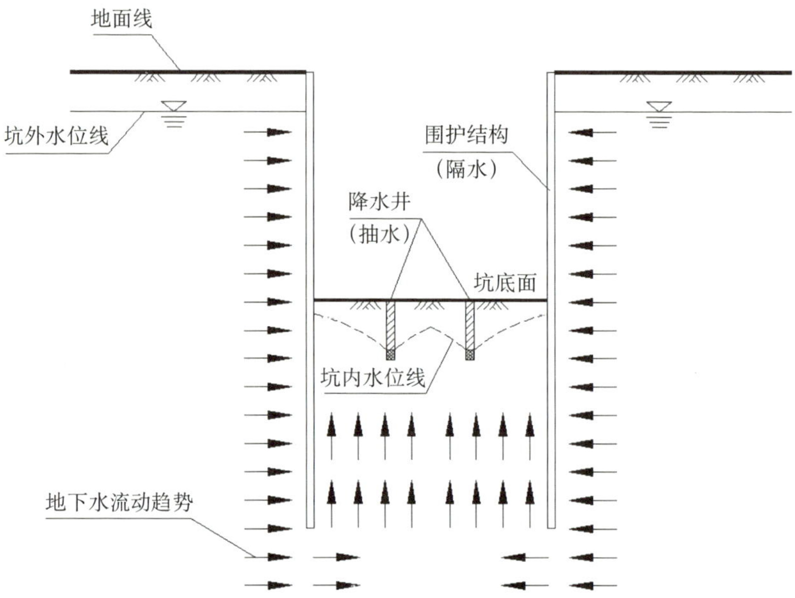

地铁车站施工时地下水的处理示意图

不会被水淹没呢?

这并不是因为挖井出水的原理变了，而是因为地铁车站在施工时采用了针对性的控制措施，从而解决了地下水涌入的问题。归纳起来，控制措施有两个：第一是隔水，第二是降水。

在开挖地铁车站这个超级“大水井”时，坑外大地里的地下水有从外侧向内部横向渗透的流动趋势，同时坑底土体里的水有向上涌出的流动趋势。所谓“隔水”，就是沿着地铁车站两侧设置不透水的围护结构，如同两道大坝，阻隔了地下水的横向流动。所谓“降水”，通俗地讲，就是在坑内部设置一定数量的抽水井，通过持续抽水，从而与地下水上涌达到动态平衡，即把地下水位降到坑底以下。“隔”“降”两大手段双管齐下，就能保证施工期间地铁车站不会变成一个水量满满的“大水井”。

11 “地下战役”开始前的扫雷兵

孙子兵法有云：知己知彼，百战不殆。想要取得战斗的胜利，侦察至关重要。假如把地铁建设比作一场在地下进行的战役，探明地铁沿线的地下情况就如同战前有效侦察敌情一样，是确保全面胜利的关键环节。

表面看起来宽阔整洁的城市道路，其下方却是个足以颠覆普通民众想象的复杂环境，属于市政公共用地范畴的道路范围，同时也敷设了大量错综复杂的地下管线，其中，不仅包括保证城市居民正常生活的燃气管、自来水管、污水管、供电电缆、通信光缆和热力管，还包括了保证整个城市正常运转的雨水收集管网、路灯电缆、交通信号光缆、安防监控光缆等。以上海市的延安西路、华山路交叉口为例，足足有 54 路各式各样的管线，在地铁施工之前若不能提前获知这些管线

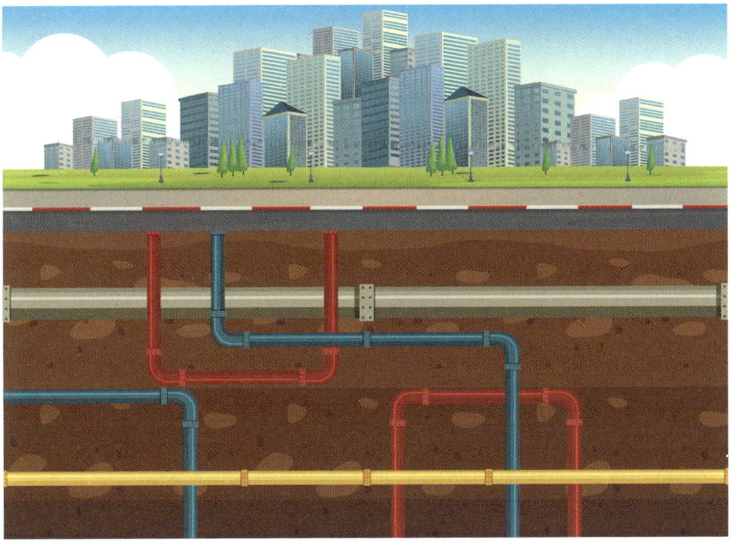

地下管线分布示意图

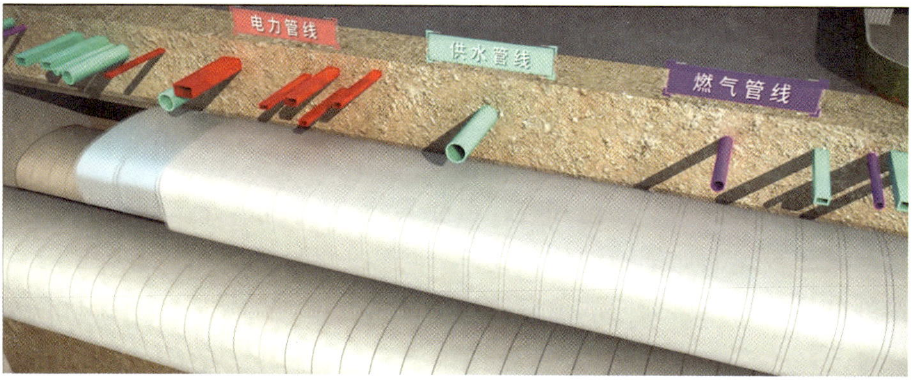

上海市延安西路、华山路交叉口处地铁工程上方管线示意图

的走向、埋深、管径、材质、权属等信息，并采取合适的避让、迁移或保护措施，是无法保证地铁工程顺利开展的，有可能轻则管线破裂，导致停水停电、道路淹没，重则爆炸触电，引发恶性安全事故。

除了地下管线外，在地铁沿线的地下区域内还可能存在地下障碍物，比如已经废弃的桩基础、隧道、电缆沟、地下室、地基加固土体等，它们会阻挡地铁隧道的前进路线，同时增加工程实施的难度。

正因为上述原因，每条地铁线路在正式动工建设前都会委托一家专业单位对沿线地下管线、地下障碍物开展全面调查，探测范围一般为地铁线路两侧 50 m 范围，从而为全线后续的设计、施工提供依据，避免“踩雷”。这家专业单位一般被称作“物探单位”，它们是工程建设的幕后英雄，也是地铁建设这场伟大“战役”中名副其实的“扫雷兵”。

12 地铁车站七大施工装备

“工欲善其事，必先利其器”，随着施工技术的不断发展，机械化日益增强，地铁车站施工内容丰富、工序复杂，相应地便有了品类齐全、成熟好用的配套施工装备，归纳起来总体可分为七大类。

（1）起重设备

起重设备是工地上的“大力士”，用于吊放各类施工材料、施工机具、抗险物资等，主要包括履带式吊车和汽车式吊车。前者如同坦克一样通过钢轮及履带前进，承载能力强，可以适应复杂起伏的地表条件；后者承载能力稍弱，但行动更为灵活。通常，施工现场会同时配备这两种吊车，扬长避短，相互配合使用。

履带式吊车

汽车式吊车

（图片来源：https://pixabay.com/zh/photos/mobile-crane-handling-equipment-5359774/）

（2）清障设备

清障设备是工地上的“清道夫”，专门用来破除废弃的硬质路面、地坪、浅层的地下障碍物等，从而为进一步施工创造良好条件，主要包括镐头机和手持式风镐。前者破碎能力强、设备功率高，主要适合较大区域的地坪或路面破除；后者由工人手持进行操作，适合小范围、需要更精细化控制破碎程度的情况。

镐头机正在破除原有路面

工人采用手持式风镐局部破除原有路面

（图片来源：https://pixabay.com/zh/photos/way-people-employees-employee-1694101/）

（3）成槽机

成槽机是工地上的“开拓者”，也是地铁车站施工的特色施工装备之一，一般通过钢轮履带行走，配备有卷扬机和液压式抓斗，专门用来在地面挖掘出深槽，以便形成地下连续墙，供地下车站开挖期间挡土、挡水之用。

正在施工作业的成槽机

（4）打桩机

打桩机是工地上的“奠基人”，虽然设备个头相对较小，但是移动灵活，为地铁车站奠定了坚实的基础。由于地铁车站一般都位于人口稠密区域，为了尽可能避免施工噪声对周边居民的影响，一般禁止采用锤击式打桩机，而普遍使用钻孔灌注桩，即先在土中钻出一个孔，然后在孔内放入钢筋、灌入混凝土而形成的钢筋混凝土桩基础。

正在施工作业的打桩机

（5）地基加固设备

地基加固设备是工地上的“魔法师”，有着“点石成金”的技艺，即通过各种手段把水泥拌和到施工现场原有的土体中，使水泥与土发生一系列物理化学反应，从而形成所谓的“水泥土”。如此一来，不仅土体由软弱变得坚硬，而且也不再透水，工程安全性被大大提高，施工引起的周边地表及建筑物沉降也会显著降低。

由于地基加固的新工艺层出不穷，因此设备种类繁多，其中以三轴搅拌桩机、高压旋喷桩机使用范围最广，号称地基加固“双雄”。前者“身材”高大且特征明显，有三根带有螺旋形叶片的粗壮钻杆，施工期间三根钻杆同时在土体内搅动，同时钻杆端部的喷嘴喷射出水泥浆，在搅拌和喷射的双重作用下，水泥与土体充分混合形成互相咬合、直径固定的圆柱体形式的水泥土。后者体型小巧，仅有一根钻杆且直径不到搅拌桩机钻杆的三分之一，轻便灵活，施工时钻杆保持连续旋转，同时在喷嘴处以较高压力喷射水泥浆，通过控制喷射压力可自由调整直径，但施工时可能会对地表造成较大隆起，不适合在临近重要管线的区域施工。

除此之外，其他新型地基加固工艺还包括数字化微扰动四轴搅拌桩（Digital Minor-disturbance deep mixing Plie，DMP 工法）、全方位高压喷射工法（Metro Jet System，MJS 工法）、超高压喷射注浆（Rodin Jet Pile，RJP 工法；N-Jet ultra high pressure jet grouting，N-Jet 工法）等，它们可以适应更多的工程应用场景。

正在施工作业的三轴搅拌桩机

正在施工作业的高压旋喷桩机

（6）挖掘机

挖掘机的主要任务是进行土方开挖，相对采矿工程以及水电水利工

普通小型挖掘机

长臂挖掘机

程而言，地铁工程的开挖作业要精细得多，故施工设备较为小巧，挖掘机行走通常采用履带式走行系统，不仅可以在硬化的场地临时道路上行驶，即使在软弱的坑内土体上前行也不至于下陷导致其无法动弹。此外，为了适应较深车站的挖掘要求，部分车站施工时也会配置一些长臂挖掘机，该类设备可达四层民宅的高度，可直接在地面进行约 15 m 深度的开挖。

（7）橄榄车

“橄榄车”的专业名字是“混凝土运输车”，只因车体上有个橄榄

混凝土运输车

（图片来源：https://pixabay.com/zh/photos/mechanical-engineering-2540522/）

形的筒体而在工程界得到了这个有趣又好记的名字。该车上的筒体内装的是从搅拌站生产出来的商品混凝土，在把筒内的混凝土浇筑到指定位置前，筒体保持持续缓慢转动，以保证混凝土不产生凝固。它是所有施工装备中最爱“洗澡”的，每次运送完混凝土后，必须及时清洗搅拌筒，以防因残留的混凝土硬化造成搅拌桶内体积越来越小。

13 地铁车站施工过程中的六大匠人

地铁车站施工不仅需要先进的装备，还需要经验丰富的建筑工人，每一条光鲜亮丽的地铁线背后，都有他们付出的辛勤汗水。所谓“行行出状元”，能从事地铁车站施工的工人并不是空有力气，而皆是有独门绝活的能工巧匠。在如今技能型工人紧缺的大环境下，一名技术熟练的工人其月收入或许超过一名普通全日制大学毕业生。下面让我们来盘点一下地铁车站施工现场的六大匠人吧。

（1）测量员

测量员的主要工作是根据设计图纸的要求，通过各种测量仪器在工地现场实测标记出每天计划中施工任务的实施位置，俗称“施工放线”，比如桩基础的平面坐标、车站的轮廓范围、楼板的施工边界和

测量人员在工地现场实施测量

（图片来源：https://pixabay.com/zh/photos/construction-surveyor-road-4216751/）

高度位置等。这项工作非常重要，因为一旦测量放线错误，会造成巨大的经济损失，还可能会延长工期。值得注意的是，相对其他工种，测量工作对工作者的体力要求较小，对细致性、精确性的要求较高，这更符合女性性格优势。因此，如今越来越多的女性测量工程师开始活跃在工地现场。

（2）焊工

在地铁车站施工过程中，钢筋、钢材是最主要的建筑材料之一，焊工好比工地上的裁缝，他们的主要工作是根据设计图纸的要求，通过焊枪和焊条，对钢筋、钢材进行裁切、连接，从而形成结构构件的核心骨架。由于这个工作所要求的技术含量较高，因此它是保证工程安全性方面十分重要的一个工种。

焊工正在进行钢板焊接

（图片来源：https://pixabay.com/zh/photos/welding-aluminum-industry-2178127/）

（3）木工

乍一听“木工”这个词，大家第一反应就是木匠，主要是做定制家具的或者家里装修时制作各种吊柜、吊顶、壁橱等工作的。然而，木工这个职业历史悠久，是古代最重要的工匠之一，职业范围涵盖面很广，小到婴儿床、拐杖、桌椅、棺材，大到攻城重器、雄伟宫殿，其中非常有名的一位木匠便是鲁班。只是随着时代的发展，木结构的建筑、机械逐渐退出了历史舞台，现代人才会认为木工只是做家具和装修的。

地铁车站施工现场的木工，他们的主要任务是为各种钢筋混凝土构件制作对应的模板、支架等。模板的搭设精度和稳定性直接决定了浇筑成型的混凝土构件的尺寸及空间位置的准确性。如果说测量员为施工单位确定了构件的理论位置，那么木工就是确保其在现实中准确完成的实践者。

工程现场由木工搭建的模板及其支架

（4）钢筋工

顾名思义，钢筋工主要是针对钢筋进行作业的一个工种，其主要工作内容是利用各种加工机械对钢筋进行除锈、调直、弯折、连接、切断、成型和安装钢骨架等，同时负责对加工设备的维护、钢筋成品及半成品的保护工作。该工种是建筑业主要工种之一，对体力要求较高，需要长时间弯腰劳动，且作业环境多为户外，如遇高温等极端气候时工作条件较为艰苦。

正在现场调整钢筋位置的钢筋工

（图片来源：https://pixabay.com/zh/photos/construction-site-1359136/）

（5）泥瓦工

泥瓦工又称泥瓦匠，与木工类似，也是一门历史悠久的职业。当代地铁车站工程中的泥瓦工，他们的主要工作内容是砌筑墙体、墙体抹面、地面找平、结构防水、铺贴墙砖及地砖等。其中，横平竖直是砌墙施工时最基本的施工要求，也是泥瓦工手艺高低最重要的体现。

正在砌墙的泥瓦工

（图片来源：https://pixabay.com/zh/photos/worker-floor-tile-tiler-mosaic-1696026/）

（6）水电工

水电工是安装和维护水管及电路的一个工种，在地铁车站工程中的主要职责包括场地内施工设备及照明的正常使用和安全防护、水电用量的结算、定期对水电线路进行检查、预防和排查可能存在的水电事故等。除开工初期以外，平时水电工的工作量不大，却是保障安全生产的重要工种。

正在检查工地电箱的水电工

（图片来源：https://pixabay.com/zh/photos/electrician-electric-electricity-2755682/）

14 地铁车站工地最多可能有多少人

地铁车站的施工工地对普通民众而言，是一个相对封闭的空间，虽然每天可以看到形形色色戴着安全帽的工人进进出出，但很难知道这个工地里究竟容纳了多少人在工作。生活在工地附近的居民或许会觉得施工单位是不是故意拖延工期，不肯积极投入人力才导致施工进度缓慢。

某地铁车站施工期间鸟瞰图

从上海某地铁车站施工期间的鸟瞰图可以看到，总长约 250 m 的工地内，目光所及之处几乎没有看到施工人员，的确人员稀少。然而，这并不是说他们在偷懒，一个地铁车站随着施工进程的逐步推进，不同阶段工地现场人员数量会有明显不同，鸟瞰图中的车站尚处于前期的基坑开挖阶段，相关工序主要为土方开挖、支撑架设，由于机械化程度较高，所以无须大量工人在场。此阶段若盲目增加工作人员数量只会白白增加人工成本却无法加快工程进度。当到钢筋混凝土结构制作、机电安装及装修等工序时，由于均属于劳动密集型工序，通过增加工人数量能明显提升整体施工速度，比如本来 3 个工人花 10 天砌完的墙当增加为 6 个工人时，工期只要 5 天。施工单位会大幅增加人员配置，以便尽快实现地铁通车，抢工期间一个常规地下两层车站的施工人员数量可达 200 人左右。

15 地铁车站施工人员平时住在哪里

唐太宗李世民有诗云：“一朝辞此地，四海遂为家。”“四海为家”一词道出了多少工程人的心酸，每做一个地铁项目，他们就不得不背井离乡在该地铁线所在城市长期驻场。那么工人在为我们建造安全、舒适、准时的地铁工程的同时，他们住哪呢？

一般而言，一个施工单位开工建设项目时，最先进行的工作就是在施工场地内划拨出工人生活区并建设大型临时设施，俗称“大临”，即由彩钢板、组合型钢建成的工地临时板房，为施工人员提供住宿，其使用时长视具体工期而定，一般为一至两年。

地铁车站工地上的临时板房

然而，对于地铁车站项目，当其处于中心城区时，寸土寸金，施工场地狭小，并无条件设置临时板房，一般采用两种方式解决：第一，利用改造过的集装箱形成微型宿舍；第二，统一为工人在附近小区内短租公寓。

由集装箱改造成的双层工人宿舍

16 地铁车站施工一般在哪个时间段

住所附近有地铁施工工地的人或许会发现，这些工地往往晚上也灯火通明的，大家对此可能会有疑问，为什么晚上也要施工，就不能白天抓紧点晚上停工吗？这样不仅扰民程度小，现场施工人员也可以得到充分休息。

其实，地铁车站施工涉及多种工序的衔接和穿插，相对夜晚而言，白天光照充分，可视性好，更适合开展施工，因此当工期较为充裕时，可仅白天组织施工。然而，由于地铁工程是重要的民生保障工程，且建设条件复杂，一般工期均十分紧迫；同时，施工设备租赁、人员食宿开销、临时借地时间等都与施工周期密切相关，从节省成本的角度考虑，施工单位会主动选择全天性连续施工的模式。

白天正在施工的某地铁车站工地现场

根据地铁车站主要工序的特点，部分工序只能在夜晚进行，例如大型设备或构件的运输、渣土外运等。以地处市中心的上海地铁 14 号线静安寺站为例，在其超大断面顶管隧道施工期间，每天所使用的预制大断面结构构件，需采用接近三车道宽度的特种车辆从市郊的工厂运到工地，该工序若在白天进行，将对沿线地面交通产生严重影响，故从保障民生的角度考虑，必须利用深夜道路较空旷的时间段来完成。再比如每天把挖出的渣土外运到指定卸土点的工作，也是为了避免大量土方车进进出出对工地周边交通造成拥堵，因此主要利用夜晚进行渣土外运。

另外，对于我国大部分南方地区而言，每年 6—8 月高温期间（气温高于 35℃），为避免施工人员中暑，组织施工时会主动避开白天 10：00—16：00 的高温时段开展施工；而对于气候寒冷的北方地区而言，每年大概有 3～4 个月的时段内气温很低，而这种低温会影响钢筋混凝土的浇筑质量以及施工设备的正常运转，施工单位按惯例均会直接安排冬歇期，即阶段性停工。

上海静安寺商圈的地铁车站工地在夜间运输大型结构构件

17 地铁建造时遇到火灾怎么办

火灾似猛虎，防患于未“燃”。最新的认定标准将火灾定义为在时间或空间上失去控制的燃烧。在各种灾害中，火灾是最经常也最普遍威胁公众安全和社会发展的主要灾害之一。据智研咨询旗下的产业信息网数据，截至 2021 年年底，全国消防救援队伍共接报处置各类警情 195.6 万起，从灾害现场累计营救被困人员 19.5 万人，疏散遇险人员 46.7 万人，是有统计记录以来目前消防救援队伍接处警情最多的一年。消防安全形势如此严峻，地铁作为重大民生工程，又是如何应对火灾风险的呢？

“预防为主，防消结合”是我国消防工作的总体原则，地铁工程在施工阶段，含有现场可燃物多、人员密集、场地内运输条件差、初期火灾不易被发现等诸多不利因素，施工现场项目部会基于上述情况，采取针对性措施。平时的预防性措施主要包括：所有易燃易爆建筑材料分类放置并就近放置灭火器；严禁在场地内吸烟；在各不同施工阶段内均开辟出足够宽的消防通道；加强日常消防巡视；定期开展现场消防演练和员工消防培训。

工地上常备的消防器材

工棚内分类堆置的施工材料

定期消防演练

（图片来源：https://pixabay.com/zh/photos/fire-fighters-clear-fire-exercise-499790/）

工地现场一旦发生火灾，应立即根据消防应急预案，启动三级响应机制，若是初期小型火情则可利用现场消防器材进行扑救，当火情趋于严重时，应迅速组织人员撤离，在场地内让出消防通道，等候专业消防人员开展灭火和救援行动。

18 地铁建造时遇到台风怎么办

我国东南沿海地区在每年夏秋时节可能会频繁遭遇台风，地铁建设工地常有大量高耸的施工设备，一旦遭遇台风倾覆倒塌，可能引发严重的安全事故；同时，地下车站在尚未完工之时，相当于一个大坑，面对超大降水量如果不能及时有效地抽排，可能导致结构被完全淹没，如此不仅造成巨大的经济损失，还会危及地下施工人员的生命安全。

由于地铁车站从开工到结构封顶至少要 1 年时间，所以每个车站在建设期间至少会遭遇一次台风季，防台防汛便成为每个地铁施工单位必须通过的一项考验。

施工单位对工地上的防汛器材和物资进行日常检查

每当气象部门提前预警将有台风可能侵袭所在城市时，施工单位会根据事先编制的方案立即采取相应的防台防汛措施：暂停室外施工，将现场高耸的施工设备的机架倒伏放置，对于低矮且小重量的设备配置压重和固定措施；对临时棚架增加缆绳、支架等临时加固措施；提前校验水泵的工作状态、疏通排水管道、预抽空蓄水池；提前准备防淹沙袋、草包并进行防汛抢险队伍排班、防汛抢险作业培训和交底。正是在一系列组合措施的保障下，绝大多数地铁建设工地才能安全地度过台风季节。

19 谁是地铁建设中的“土行孙兄弟”

土行孙是我国古代神魔小说《封神演义》中的一个神话人物，他身材矮小不过四尺，面如土色，但本领高强，身手敏锐，擅长遁地术，可在地下自由来去。

地铁工程建设中存在大量的地下隧道掘进，这离不开专业的施工设备，也就是隧道界的“土行孙兄弟”——大哥“盾构机”，二哥“顶管机”。

盾构机主要用来施工两个相邻车站之间的地下区间隧道，隧道一般为圆形，常见的隧道外径为6.2～6.6 m。盾构机单次掘进长度为1～2 km，它是地铁隧道施工的主力军。在上海世博会举办前的轨道交

盾构机设备

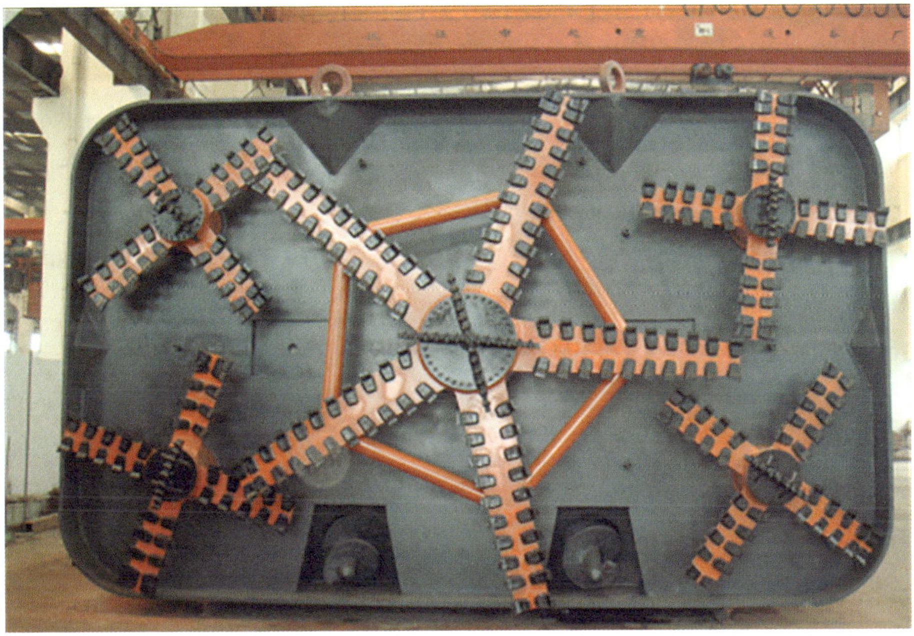

顶管机设备

通建设“大会战”时期，最高峰时整个上海地下至少同时有 100 台盾构机在掘进。

顶管机主要施工跨路口的出入口或过街地道等，出入口或过街地道一般为矩形，常见的隧道外包尺寸为 6.9 m × 4.2 m、6.9 m × 4.9 m 和 9.64 m × 4.88 m 等。顶管机单次掘进长度为 15～100 m，它是地铁隧道施工的辅助军。

20 地铁隧道“踏雪无痕”的秘诀是什么

“踏雪无痕”是武侠小说对于极高境界轻功的一种描述。或许大多数人都不知道，地铁盾构隧道施工是有相当于“踏雪无痕”的要求限制的。

若盾构隧道施工引起地面沉降过大，可能会导致地下管线损坏、周边建筑物倾斜、路面塌陷等问题，轻则造成大额经济赔偿，重则引发重大安全事故，所以必须严格控制施工质量。目前，我国盾构施工的环境影响控制水平处于国际领先地位，在上海世博会之前，已经达到“正一负三”标准（即最大向上隆起不超过 1 cm，最大向下沉降不超过 3 cm），近年来更是进一步达到了“正一负一”标准。

能做到上述标准，主要依靠信息化施工。盾构掘进施工由经验丰富的盾构司机操控自动化装备完成。通过自动采集获取盾构正面土压力数据、盾构机姿态、注浆量以及实时地面沉降监测数据，从而可快速科学地确定合适的施工参数。该动态反馈及调整优化过程将贯穿整条隧道的施工阶段，以保证全过程沉降变形可控。

盾构司机在盾构机驾驶室工作

21 两条隧道如何“手牵手”

“世界上最远的距离，就是你我虽然近在咫尺，却无法触碰。”

常规的地铁隧道都是按上行线、下行线各建一条，两条隧道间的净距一般不超过 6 m，由于地铁消防的要求，隧道内每隔 600 m 应设置一处可供逃生的通道，即每隔 600 m 须在两条隧道间打通一根小通道，专业术语称之为“旁通道”或“联络通道”。

对于软土地区而言，由于土的含水量高、承载力差，旁通道看似体积、长度都很小，但属于区间隧道工程中施工风险很高的一环。针对上述困难，目前主流的做法是采用冻结法，即提前设置冻结管，将土体快速冷冻降温至冰点以下，从而把软塌塌的泥土冻成硬邦邦的泥

现场工人正在破除已完成冻结的土体

现场工人正在施工联络通道侧墙模板

已完成贯通的联络通道结构

冰砖。水一旦冻成了冰就不会流动，土的强度自然就显著提高了，风险问题得以解决。

由于冰化成水之后，体积会缩小，冰的数量越多，冻融循环造成的沉降变形越大。为了解决上述问题，以宁波地区为代表的轨道交通区间隧道在建设过程中，工程师们研发了升级版实施方式——机械法，即采用圆形的微型盾构机或顶管机把旁通道一次性推出来。由于机械法不仅有设备外壳的保护，也可以采用信息化施工手段来实现精准控制，因此安全风险显著降低，但其工程造价高于冻结法。

22 不同线路的地铁隧道相遇时怎么建

由于每条地铁隧道里一般只跑一个方向的列车，所以当不同线路的地铁隧道交叉时，它们并不能像十字路口一样在一个平面相交，而是必须上下错开，各走一边。

一般而言，先行完工的地铁隧道已经运营了一段时间，隧道与周边土体也处于平衡状态，当后续需要穿越的隧道经过先行隧道时，尤其要控制施工引起的地层变形，这种“擦肩而过的温柔”，说是手术刀般的施工精度也毫不为过。为了尽可能地减小影响，一般不同线路在穿越点位置至少会控制竖向净距大于 2 m，若客观条件受限，须进一步压低进度，目前净距 1 m 已有成功的工程案例。

当不同线路地铁隧道相互穿越时，可采取的技术措施包括：提前对穿越节点区进行加固；根据信息化数据实时调整后穿越盾构隧道的施工参数；加强洞内注浆等。

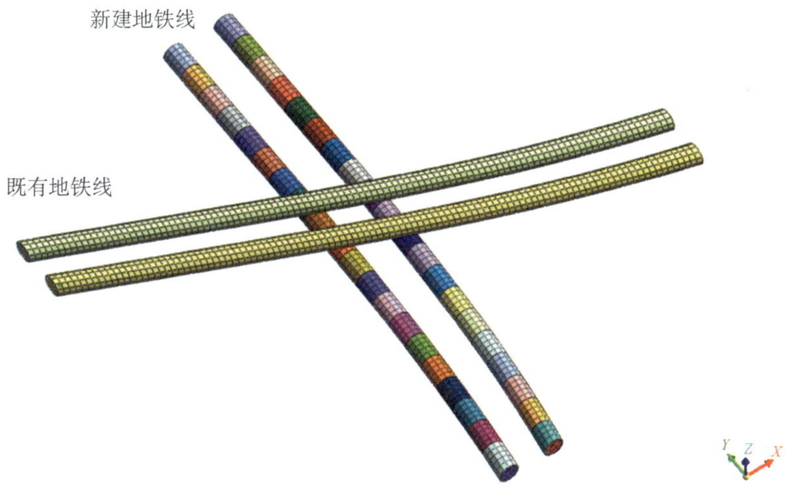

不同线路地铁隧道交叉示意图

23 地铁隧道为什么看起来是一块一块的

如今的新型地铁列车，开始逐步普及无人驾驶，车头、车尾不再设置驾驶室，坐在车头、车尾车厢的乘客甚至可以通过列车端部的车窗清晰地看到隧道内的状况。

大家可以发现，隧道结构内部都是一块一块的，这是为什么呢?

原来隧道结构整体断面直径较大，若在工厂直接生产为一个圆形整环，无论是起重吊装还是构件运输都会十分不便，因此才分块制作，这样每块管片都较为轻巧，再通过盾构机中的拼装机逐块就位拼接便可形成整体。

盾构法施工隧道内部

24 地铁隧道施工时里面不会缺氧吗

相传古代摸金校尉探寻古墓时，都有习惯在墓穴东南角点上一支蜡烛，“人点烛，鬼吹灯”，一旦蜡烛熄灭，则不应留恋，迅速撤离。这个习惯看似迷信，实则蕴含了科学道理，蜡烛熄灭说明墓穴中含氧量不足，必须趁自己还没因为缺氧无力行动就立即撤离。

古人尚且懂得这个道理，那么地铁隧道挖掘距离那么长，持续时间那么久，为什么工人在里面不会缺氧呢?

这是因为在地铁盾构隧道里，伴随着施工进程设置了沿隧道纵向的通风系统，使用鼓风机持续换气。这样，不管隧道多长，只要施工场地内不断电，隧道内就可以获得源源不断的新鲜空气。

顶部设置了通风系统的盾构法施工隧道

25 地铁隧道施工时会不会尘土飞扬

读过《平凡的世界》的人想必都知道，主人公孙少平在当煤矿工人的时候，每次井下作业后回到地面，浑身黑得像炭一样。那么同样是在四周围合的地下空间里，为什么盾构法施工隧道里没有尘土飞扬呢？

这是由工艺特点决定的。孙少平是煤矿工人，采煤需要有爆破，自然就会有扬尘，而盾构是依靠设备切削挖土，不涉及炸药类的爆破，也不涉及机械手臂或抓斗在前方挖土，所以施工环境相对良好，这对于保障施工人员的健康安全有很大好处。

盾构法施工隧道内部施工环境干净整洁

26 地铁隧道施工时遇到障碍物怎么办

地铁隧道经过的里程较长，沿线遇到阻挡它的障碍物该怎么办呢？概括起来就是两大处理思路：一是清障，二是硬磨。

所谓清障，就是清除障碍物，在盾构机触碰到该障碍物之前，提前对障碍物进行处理。这其中又以遭遇废弃桩基础最为常见。相应的措施可以是拔桩，即采用专业的拔桩机和比目标桩基直径更大的套管，类似牙医拔牙一样，把目标桩基完整地从土里拔出来，再对拔桩后的空洞回填水泥土，为后续盾构机穿越提供良好的条件。此外，清障还可以有冲击破碎、爆破等其他方法，总之，就是破坏并清除掉目标桩基。

拔桩设备施工作业及被拔出的废弃桩基

所谓硬磨，就是不对障碍物作任何处理，而是针对施工地铁隧道的盾构机进行升级，在刀盘上增加可切磨岩石或混凝土的滚刀，形成能快速切削软土，又能切磨障碍物的复合盾构。

27 地铁隧道施工时遇到沼气怎么办

沼气，也称瓦斯，是各种有机物质，在隔绝空气并在适宜的温度、湿度下，经过微生物的发酵作用产生的一种没有颜色、没有气味的可燃气体，沼气的主要成分是甲烷。在农村电力、燃料不足的年代，家家户户建了沼气池，可以烧菜、做饭、取暖，是造福民众的好东西。然而，腐殖质丰富的地层中积聚的沼气，对于盾构隧道施工却是一项巨大的威胁。

当盾构隧道穿越沼气地层时，泄漏至盾构隧道内是沼气唯一流动的途径，然而即使隧道内充满沼气，施工人员也很难发觉。当沼气积

施工单位在江面上对江底盾构拟穿越段地层采取沼气排放措施

聚到一定浓度时，遇火即会燃烧、爆炸，从而造成严重后果。若沼气浓度积聚过高，可导致人员窒息乃至死亡。国内地铁施工曾发生过因沼气泄漏引起的爆炸和窒息死亡事故。此外，沼气释放可能造成下伏土层失稳，使已建好的隧道产生位移、断裂，造成无可挽回的重大经济损失，危害性极大。

针对盾构施工的沼气风险防治措施中最根本也最有效的方法是将沼气提前排放，使地层内的沼气含量降到安全范围内，如此才能彻底解决相应的安全风险。

28 地铁隧道会被压扁吗

圆形吸管会被咬得扁平，圆形的足球可以挤扁，那圆形的盾构隧道会不会也被压扁呢？

由于拱效应的存在，在抗挤压方面，圆形远比方形要好。圆形隧道结构的厚度、配筋、埋深都会根据隧道的受力情况准确计算后才会投入施工，正常来说能够满足承载要求是不会被压扁的。除非隧道周边发生了明显的条件变化，诸如：在隧道上方超量堆土造成所承受的荷载飙升；在隧道侧边或顶部突然挖除大量土方而造成未曾预料的偏载受力；隧道周边有近距离穿越的其他隧道且产生了很大变形等等。

隧道一旦发生能被肉眼察觉的被压扁趋势，说明已有很大的安全隐患，应立即启动应急响应机制。起效最快的措施就是在隧道内部加

盾构法施工隧道内部增设临时内支撑

钢支撑。尽管加设内支撑后阻挡了隧道内的进出要道，但为了保证工程安全，还是十分值得的。

此外，若加了内撑但仍未起到良好效果时，还可祭出隧道加固的顶级“杀手锏”——在隧道内部加设钢内环。钢内环能和已有的钢筋混凝土管片叠合共同受力，从而显著加强该区段隧道结构的刚度和承载力。

29 上海最美的地铁换乘通道怎么建的

随着城市地铁建设水平的不断提高，每个城市都会诞生若干个受追捧的地铁地标，比如拥有“地下艺术殿堂”美誉的莫斯科地铁、深海水母世界风格的阿联酋迪拜的哈立德·本·瓦利德地铁站、哥特教堂风格的加拿大蒙特利尔地铁站等。

就上海地铁而言，地铁徐家汇枢纽站的换乘通道便是一个这样的存在，它享有“时空隧道”的美誉。

有“地下艺术殿堂”之称的莫斯科地铁

（图片来源：https://pixabay.com/zh/photos/moscow-russia-capital-city-538994/）

有“时空隧道”之美誉的徐家汇站的 16 m 宽超大换乘通道

其实，常规的地铁换乘通道宽度以 4～6 m 居多，仅少数大客流换乘通道的宽度可达 8 m 以上，一般当通道宽度超过 10 m 时会在中间设置一排柱子以增加经济性。这也是为什么平时我们坐地铁，能看到的换乘通道大多是方方正正、中规中矩的长条形通道，视觉效果很普通。对于宽度大一点的通道，中间会有柱子且用隔离栏分成两半，从而分流双向客流，但是缺点也比较明显，在早、晚高峰期间，当换乘通道的客流潮汐特性明显时，通道的通行宽度无法被充分利用。

徐家汇枢纽站地处繁华商圈，是三条大客流地铁线交汇之处，每天的换乘客流量很大。为了让乘客行走舒适，设计师采用了超宽且无柱子的换乘通道形式，通道净宽达 16 m。如此既宽敞又没有中间支撑柱的地下通道，对应地就需要远超常规通道结构的承载力，而拱形结构就是一种极佳的实现方式。

众所周知，中国的赵州桥是世界上现存年代久远、跨度最大、保存最完整的单孔坦弧敞肩石拱桥。受此启发，地铁换乘通道的设计者

已屹立 1 400 多年保留完好的赵州桥

突破常规，将换乘通道设计为超大跨度拱形结构（拱形结构比平板形结构具有更显著的承载力），并在两侧的圆弧形侧壁上设置了艺术灯光装饰板，灯光在橙色、绿色、蓝色间不断切换，配合不时变换的各式创意广告，使乘客每次通过时都有不同的体验，宛如穿梭于“时空隧道”，从而成为上海地铁一道独特的风景线，被誉为上海最美的地铁换乘通道。而且，无柱的大宽度通道非常利于通行宽度的充分利用，作为三线换乘枢纽的徐家汇站，无论客流突增到何种地步，该换乘通道从未成为客流拥堵的瓶颈点，因而也是名副其实的通畅通道。

30 地铁换乘“大哥大”——上海地铁世纪大道枢纽站

随着地铁建设的蓬勃发展，中心城区轨道交通线网越来越密，后建线路一次次刷新“换乘王”的头衔归属，但要说到哪个车站是地铁换乘“大哥大”，那就只能是上海地铁世纪大道枢纽站。

世纪大道站位于上海市浦东新区，是汇集地铁 2 号线、4 号线、6 号线和 9 号线四条大客流地铁线的换乘车站，也是中国第一座四线换乘车站，其建设历程见证了上海轨道交通建设由线到网的发展进程，也为后续其他大型轨道交通枢纽站的建设提供了宝贵的实践经验。

该站地处东方路、张杨路、世纪大道路口东南，福山路、潍坊路、

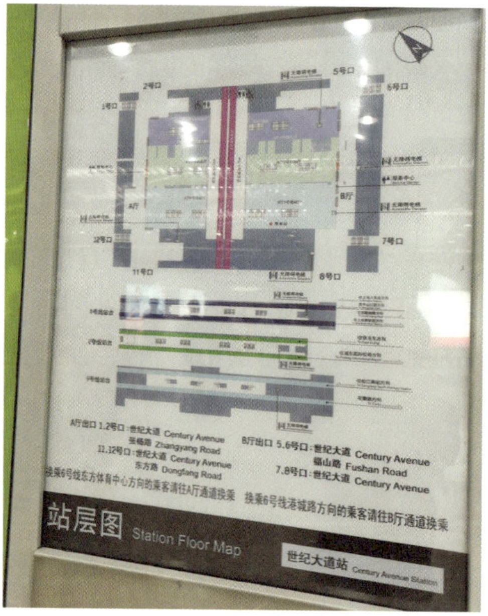

上海地铁世纪大道枢纽站站台平面示意图

世纪大道路口西北。车站北侧为百联世纪购物中心，南侧为世纪汇广场。该枢纽站将四座车站集中在一起，创新性地提出了“丰”字形换乘站，其中，2 号线、4 号线、9 号线车站并列紧贴设置，6 号线车站下穿世纪大道，并在上述三个车站中部横向垂直设置，以全站台与三座车站站厅层直接沟通的方式替代了以往传统的通道换乘模式，实现了“零换乘”理念，不仅缩短了乘客的换乘时间和换乘距离，也改善了换乘条件。

由于四个车站是根据所在线路建设进程依次完成的，后续车站施工和结构整体贯通时，就涉及较大范围的既有结构改扩建，其中，原车站侧墙凿开面积占原结构的 54% 以上、顶板改建面积占原来的 13.26%。大规模的改扩建使得原有的车站结构受力体系变得相当复杂，因而施工阶段采取了包括车站两侧新设抗拔桩并与车站内压梁组成“门”字形结构抗浮受力体系、侧墙间隔开洞、顶板结构加固等一系列技术措施，改造工程完成后，原车站结构并未出现较大的结构裂缝。世纪大道枢纽站工程竣工后运营至今，使用状况良好。

上海地铁世纪大道枢纽站站厅层实景

31 城市中心“大心脏”——上海地铁人民广场枢纽站

说到上海的人民广场，它的地理位置绝对是无可争议的城市中心了。这个中心区域同时也是上海轨道交通网络基础构架“十字加环”结构的中心点——上海地铁人民广场枢纽站所在地，其日客流量稳居全市前列，名副其实成了为整个轨道交通网络输送运能的“大心脏”。

人民广场站位于上海市黄浦区，人民广场东北侧、人民公园下方，东邻西藏中路，北接南京西路，是连接上海地铁 1 号线、2 号线和 8 号线的三线换乘枢纽站，三座车站呈 L 形布置，其中，1 号线车站、8 号线车站沿西藏中路西侧呈南北走向并列紧贴设置，2 号线车站东端与上述两站相交、呈东西走向设置于绿地下方。

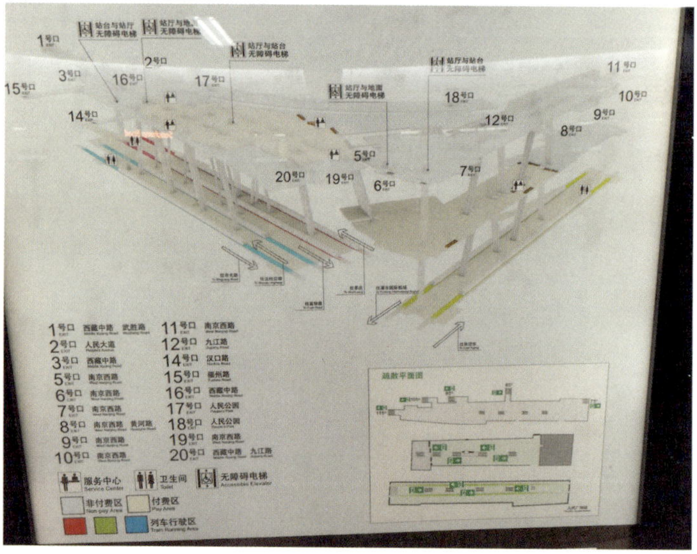

上海地铁人民广场枢纽站站层分布示意图

（图中红色、绿色、蓝色站位分别为地铁 1 号线、2 号线、8 号线列车行驶范围）

人民广场枢纽站呈L形分布的站体之间巨大的三角形区域是本工程颇具特色的部分，当年为解决三线换乘开通后客流走行不畅、对冲严重的问题，将位于人民公园绿地内由1号线、2号线及联络通道所围成的三角形区域全部开挖，形成了一个比足球场还大的三角形换乘大厅，“大三角”自此得名。三线换乘客流可以在该开阔区域自由畅行，不仅通行舒适度大为改善，换乘距离也缩短了一半。同时，巨大的敞开空间也为举办各类文化活动、艺术展览提供了良好的平台。本站的建设方式为日后的大客流、近距离换乘枢纽站的设计和建造积累了宝贵经验。

“大三角”内通往1号线及8号线区域

“大三角”内通往2号线区域

“大三角”内举办的书法作品展

32 一步之移天地宽——上海地铁徐家汇枢纽站

“退一步海阔天空”常被用来劝人不必太过计较个人得失，多一些理解忍让，少一点争执怨怼。在上海地铁中有这样一座车站——上海地铁徐家汇枢纽站，其建设就十分贴切地诠释了上面这条警句的字面意思。

上海地铁徐家汇枢纽站是地铁 1 号线、9 号线、11 号线三条大客流市域快速地铁线交汇处的换乘枢纽，其中 9 号线、11 号线徐家汇站建设时，1 号线徐家汇站早已建成且运营多年，周边商业配套成熟，且站址位于交通繁忙的华山路、衡山路、肇嘉浜路、漕溪北路、虹桥路组成的五岔路口，如果按照常规方式选址，施工期间必然会对该区域的地面交通、地下管线、商业环境等造成长时间的严重影响。上海市相关专业部门及多家国内外的设计院、咨询公司对该枢纽站前后陆续开展了近 10 年的研究，形成的车站方案多达 19 个，但是始终未能找到一个兼顾地铁建设、周边商业和地面交通的方案。

上海地铁徐家汇枢纽建设前站址鸟瞰图

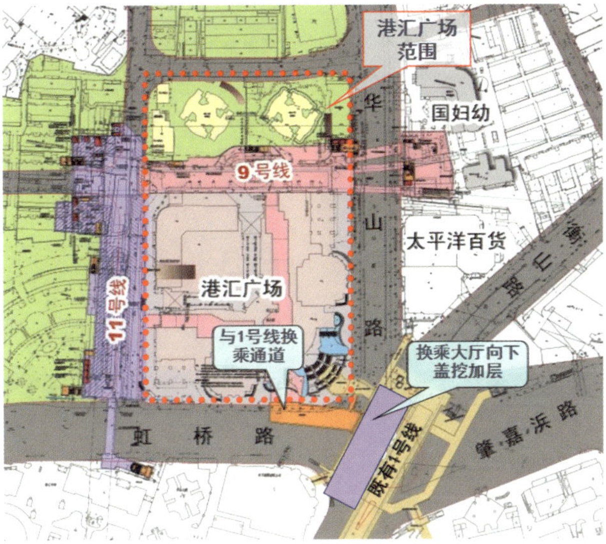

上海地铁徐家汇枢纽方案平面图

正当大家一筹莫展、相关方案推进几近停滞之时，项目设计团队经过对周边建筑物的调查研究，发现在该路口处的港汇广场地下室的主要楼层高度、柱间距正好可以容纳一个地铁车站，只需稍加改造，将港汇广场的原地下二层楼板拆除便可形成车站站台层，原地下一层

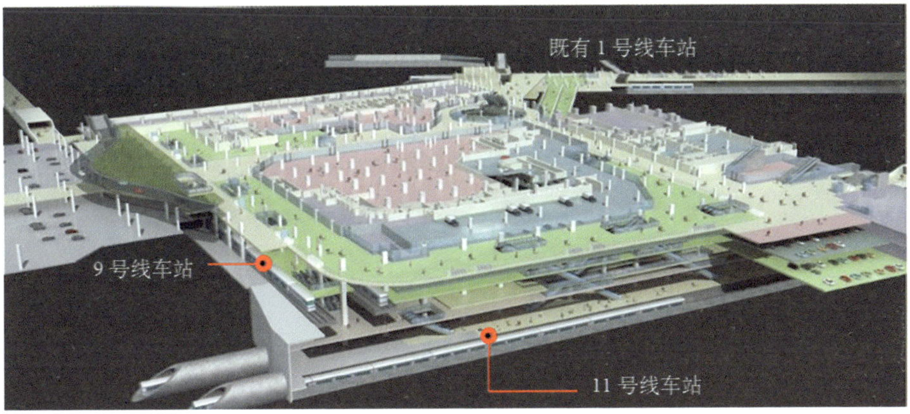

上海地铁徐家汇枢纽空间关系效果图

上海地铁 9 号线徐家汇站改造示意图

空间将直接用作 9 号线车站的站厅层。因此，如果突破常规思路，将 9 号线车站设置在港汇广场地下室，并将 11 号线车站设置在港汇广场西侧车流量很小的恭城路，则 1 号线、9 号线、11 号线车站恰好形成一个环绕港汇广场的布局，再利用 1 号线西侧的地铁商场向下加层改造形成换乘大厅，如此便能显著降低地铁建设对该地区交通、管线、商业的影响，以既有结构改扩建技术为基础的“环港汇”枢纽方案自此诞生，真可谓是“一步之移天地宽”。

上海地铁徐家汇枢纽站是国际上首次采用既有地下空间建设地铁车站的成功案例，不仅丰富了轨道交通的建设手段，也成为我国地铁建设事业中的一个里程碑。

33 历史与新潮的激荡——上海地铁静安寺枢纽站

上海的静安寺，又称静安古寺，位于上海市静安区，是全国佛教重点寺院之一，其历史相传最早可追溯至三国孙吴赤乌十年（公元 247 年），经历 1 700 余年传承，历史底蕴深厚，上海的静安区亦由静安寺得名。静安寺内藏有八大山人名画、文徵明行书真迹《琵琶行》长卷等珍贵藏品。此区域在近代又恰为公共租界与华界的分界位置，中西方文化交汇逐渐形成的海派文化氛围浓郁。如今的静安寺商圈内居住、

上海静安寺站航拍

交通、商务、商业、休闲娱乐等综合配套齐全，紧跟时尚潮流，日益呈现出“国际化、高端化、品质化”的特征。

以静安寺这座千年古刹为中心发展起来的静安寺商圈是一个历史与新潮激荡的缩影，而在这个位置的地铁车站建设，也少不了历史的传承和锐意创新。上海地铁静安寺站是一座连接 2 号线、7 号线和 14 号线的三线换乘枢纽。其中，2 号线、7 号线车站分别于 2000 年、2009 年通车运营，均采用传统方式施工，而于 2021 年通车的 14 号线车站却是创造性地通过顶管法建成的。

14 号线静安寺站为地下三层结构，长 230 m、宽 21 m、深 26 m，沿华山路南北向布置，并穿越延安路。延安路作为上海唯一的一条沿

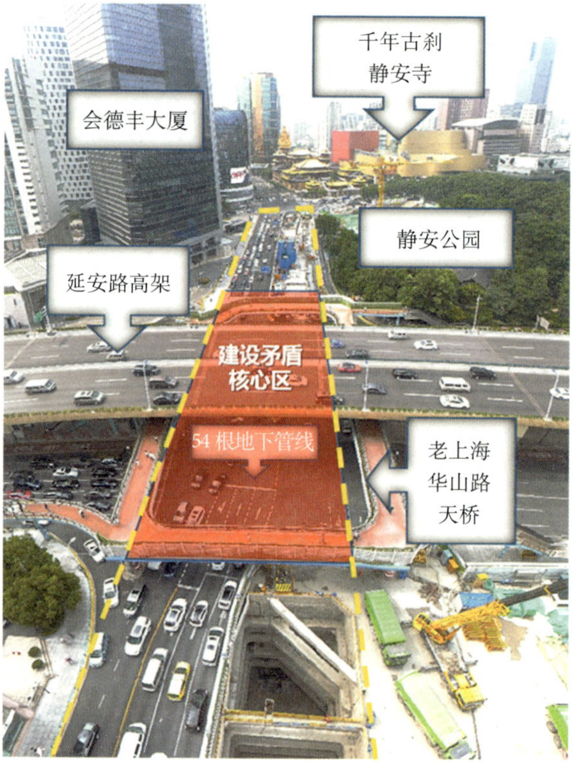

上海地铁 14 号线静安寺站站位示意图

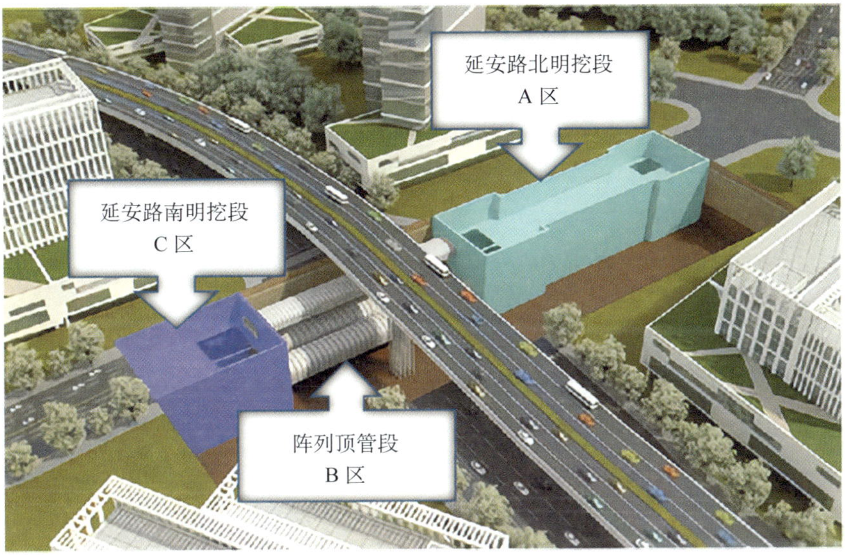

上海地铁 14 号线静安寺站三维效果图

东西向穿越市中心的城市快速路，包括双向 6 车道的高架桥及双向 14 车道的地面道路，日均车流达 30 万辆，公交线路 45 条（含 71 路中运量公交），道路下方有水、电、煤气等各类市政管线 54 根，直接影响 300 万居民的日常生活。延安路桥下老上海天桥净空仅为 5.6 m，桥墩下部桩基至车站最小净距仅 5.3 m。因此，华山路、延安路交叉路口是车站建设最困难的节点。

为了避免传统全明挖施工方法对延安路交通、管线及老上海天桥的影响，该站采用了“品”字形的阵列顶管隧道群穿越的施工方式，属国际首例，打个比方说就是巧妙地把从地面挖槽做车站改为打三个洞推出一个车站，即车站以延安路为界分为三段：路北的 A 区和路南的 C 区仍采用传统明挖法施工，延安路下方 82 m 采用三个大断面矩形顶管施工，其中下部两个并行顶管隧道为站台层，供列车通行、乘客上下车及候车使用；上部一个顶管隧道为站厅层，供乘客进出站、地下步行过街等使用。

34 气势恢弘的大穹顶——上海地铁吴中路站

“秋风度河上，大野入苍穹。”每次读到毛泽东《五律·喜闻捷报》中的这句，一种无边原野与天地融为一体的壮阔感油然而生。在上海轨道交通网络里，就有这样一个车站，它也能让你产生这样美好的感觉，那就是上海地铁吴中路站。

吴中路站作为上海地铁15号线的中间站，呈南北走向，位于上海市闵行区桂林路吴中路路口以南，东靠梦公园，北邻闵行男科医院，西依怡德苑，南与蒲汇塘毗邻。车站中部的无柱大拱顶段是最具特色的部分，该段纵向长约93.7 m，宽为21～22.89 m。吴中路站在国内首

上海地铁15号线吴中路站无柱站厅层

创采用了“预制 + 现浇叠合”拱形结构工艺进行大跨度无柱拱形顶板的施工，形成了气势恢弘的大穹顶，提高了地下空间的利用率以及乘客的舒适感和空间感。

吴中路站站厅两侧设有展示上海城市景观的装饰墙。穿过地铁站的长廊，就像穿过一个展示上海改革开放城市建设的华丽展厅。如果把站厅地面看成黄浦江，那么它的两侧就是浦东和浦西壮观的城市景象，而站厅的两端则象征着上海壮美的未来。

35 暗夜潜行遇见的豁然开朗——上海地铁的中庭车站

“山重水复疑无路，柳暗花明又一村。”陆游《游山西村》中的这两句诗十分精妙，字面上写着山间水畔的景色，又寓含哲理，把持续困境中又重见生机的欢喜表现得丝丝入扣，至今被大家广泛引用。轨道交通地下车站，顶板埋置位置一般在地下至少 3 m 深处，这就决定了车站内采光都是靠电力照明，建筑层高也较为有限，乘客在站内行走的感观自然不可能与在阳光明媚的地面逛街相提并论，这是地下车站先天不足的特点，既然都是如此，大家基本也都默认接受了。

然而，在少数情况下，坐在地铁上的你可能会突然感觉眼前明显亮堂了起来，如同一个在地道中前行的赶路人突然见到了明亮的洞口，长时间的黑暗遇到突然而至的光明，瞬间产生的愉悦感也是满满的小幸福。其实这时候，你很有可能遇到了车站中的“高颜值男生”——中庭车站。

所谓“中庭车站”，就是把中庭镂空建筑特点融入地铁车站，形成站厅站台空间共享的地铁车站。上海地铁 7 号线花木路站是上海首座大中庭车站，该站位于上海浦东新区花木路以南的上海新国际博览中心西侧的交通集散广场下，为地下二层车站，总长 354.8 m，宽 18.6 m，中部公共区设有 90 m × 90 m 大中庭共享空间，乘客进入车站后，整体感觉与普通车站会有明显不同，空间开阔，美观大气。

中庭车站虽然视觉感观好，但施工阶段的工程投资、使用阶段的设备耗能均高于常规车站，故一般仅在对景观要求较高的站点选用这种形式。

除上述标准中庭车站以外，还有一种简化版的中庭车站，该类中

上海首座大中庭地铁车站——上海地铁 7 号线花木路站

穹顶采光中庭地铁车站——上海地铁 11 号线隆德路站

庭车站并不共享站厅站台空间，仅在站厅层设置采光型中庭，相对传统车站，该类车站会把车站中部部分顶板结构调整为透光的玻璃顶，典型案例如上海地铁 11 号线的隆德路站，乘客一旦进入隆德路站厅的换乘集散厅，便可感受到顶部穹顶采光棚引入的明媚阳光。

36 日月光和我的明月光——上海地铁打浦桥站

要说上海地铁沿线哪里是最好的美食天堂，那么位于日月光中心的上海地铁 9 号线打浦桥站无疑是“吃货”们心中的白月光了。

9 号线打浦桥站位于上海市黄浦区徐家汇路与打浦路交汇处北侧的日月光中心内，北临泰康路，东依上海琉璃艺术博物馆，南与徐家汇路相邻，西靠瑞金二路。与常规地铁车站不同，该站并不位于市政道

上海地铁 9 号线打浦桥站与日月光中心相对关系平面图

路下方，而是完全嵌入在商业开发地块内，首创国内地铁与上盖商业体结合开发的先河，与日月光中心同步设计、同步施工，车站与地块建筑方案高度融合、浑然一体。

打浦桥一带本是上海发展相对成熟的一个区域，周边写字楼和社区密集，加上轨道交通的便利，不仅在工作日，日月光中心广场能为众多白领解决午饭问题，在周末或节假日，也可满足周边社区居民家庭聚会的需求。如今的日月光中心已形成以餐饮娱乐为主导、百货服饰和精品店、早教机构相辉映的格局，每天客流近十万人。

地铁车站避开市政道路设置在同步开发建设的商业地块中，其施工阶段不仅降低了包括基坑支护和土方开挖在内的土建工程费用，而且完全避免了管线搬迁、交通导改，显著缩短了工期、减少了间接工程费；而使用阶段地铁能为商业地块引入巨大优质消费客流，属于地铁与商业双赢的行业典范。

上海地铁 9 号线打浦桥站与日月光中心接口处实景

37 地铁能像搭积木一样建造吗

乐高积木是一款老少皆宜、风靡世界的玩具。使用一块块颜色鲜艳凹凸颗粒积木块可以拼接出汽车、房屋、动物、花卉，甚至是圣诞老人。乐高积木搭建的东西千变万化且惟妙惟肖。

乐高积木搭建的城市街区场景
（图片来源：https://pixabay.com/zh/photos/lego-legoland-build-play-toys-2449336/）

在建设工程领域，预制装配就是与乐高积木玩法有异曲同工之妙的一类施工方式。简单来说，就是把工程上所需要的钢筋混凝土构件在工厂或者某个指定场地内，提前全部做好放着（好比准备乐高积木），然后把这些构件运到施工现场，按照设计图纸一个个拼接搭建起来（好比搭乐高作品）。这种方式具有施工速度快、能量消耗低、构件质量容易保证等诸多优势，是一种值得大力推广的绿色建造和资源节约型技术。

用于车站外防护的预制 PC 板独立放置时的状态

上海地铁 17 号线车站预制 PC 板装配完成后整体效果

上海地铁 9 号线三期（东延伸）工程的金吉路站预制柱

正在施工的隧道内预制拼装中隔墙

正在施工的车站内的楼梯

近年来，我国轨道交通建设蓬勃发展，运营里程稳居世界第一，然而统计数据表明，建设阶段总体能耗仍呈增长态势。地铁车站工程中大量钢筋混凝土结构仍然主要采用现场浇筑法形成，该方法需要搭设模板、支架并在现场振捣浇筑。传统粗放型施工工艺亟待转变。为此，地铁建设者们从未停止过在预制装配技术方面的各种尝试和实践。以上海地铁为例，已经实现预制装配方式建设的内容包括高架车站的外围护板、地下车站的柱子、车站内的楼梯、隧道结构及其内部中隔墙等。

38 什么是信息化施工

随着计算机的普及和发展，数字化信息对整个社会产生了深远影响。然而，通常我们听到“信息化”这个词，首先联想到的都是诸如IT、网络、编程、信号等，很难会将它与建筑工地、工程施工等扯上关系。其实，随着时代的发展，地铁工程施工早就不只是意味着钢筋、水泥、安全帽了，信息化逐渐改变了施工过程，由此也诞生了一个新名词——信息化施工。

所谓信息化施工，是指在施工过程中所涉及的各部分各阶段广泛应用计算机信息技术，对工期、人力、材料、机械、资金、进度等信息进行收集、存储、处理和交流，并加以科学地综合利用，从而及时、准确地为施工管理工作的开展提供决策依据。例如，隧道施工过程中，通过对掘进面各区域的土压信息、掘进设备的姿态信息、地面沉降信

自动采集和分析施工数据的云平台及监控中心

车站信息化施工 App 主页界面

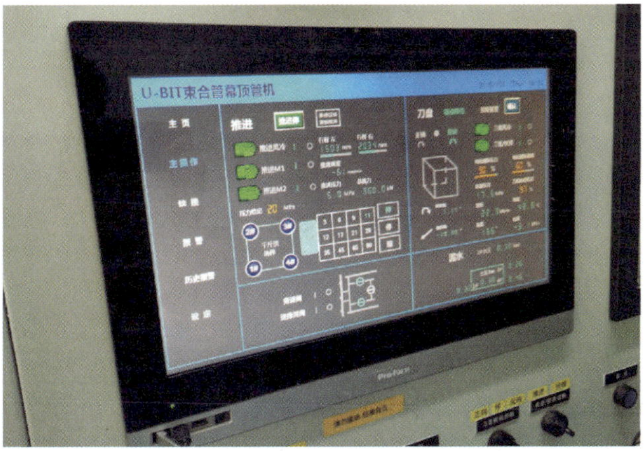

某微型顶管设备信息化操控表盘

息等进行自动采集和分析，并快速反馈，以及调整合适的推进速度、顶推功率、注浆方量、注浆压力等，从而有效避免人为失误引起的安全风险，显著提高施工效率和质量。另外，信息化施工还可通过网络与本地区工程数据库及云平台实现数据共享，为其他类似工程提供参考。随着今后与 5G 技术的进一步整合，在海量数据被快速采集的情况下，可使未来的地铁工程施工过程更加智能化、施工成品更加精品化。

39 你见过“马踏飞燕”般的高架桥吗

“马踏飞燕”是一件珍贵的国宝青铜器，又名“马超龙雀”“凌云奔马”等，为东汉时期的青铜器，1969 年 10 月出土于甘肃省武威市雷台汉墓，不仅是甘肃省博物馆的“镇馆之宝”，而且在 1983 年其形象被确定为中国旅游标志。该青铜器的马身矫健俊美，躯干壮实而四肢修长，腿蹄轻捷，三足腾空、飞驰向前，整座雕塑构思精巧。一足踏飞燕中“飞燕”是用来体现良马之神速，既表现出浪漫主义意境，又稳定了器物的重心，该青铜器堪称我国古代青铜艺术中无与伦比的一件珍品。

顶级国宝青铜器“马踏飞燕”

你是否知道，在轨道交通高架线路建设领域也可以有“马踏飞燕”般的轻盈体态？与铁路工程的高架线桥梁不同，位于城市轨道交通中的高架桥梁由于需要在城区人口稠密区域穿行，不仅要求桥梁构件安全可靠，还应尽量保持美观，避免破坏原有城市的天际线。因此，一种巧妙的梁体设计便应运而生了，它便是“U 形梁”。

U 形梁一改之前常见的桥梁结构 T 形断面或箱型断面等粗壮、沉重的外观效果，构件感观纤薄，钢轨架设在 U 形梁底部的平板上，列车运行时下半部分车辆直接没入 U 形梁的侧板高度内，列车、桥梁浑然一体，列车轻盈灵巧，飞驰而过，这何尝不是一幅“马踏飞燕”画面的既视感。

上海地铁 16 号线 U 形梁生产基地

已完成 U 形梁架设的上海地铁 16 号线高架区间工程

40 地铁桥梁能空中转体吗

“南国有佳人，轻盈绿腰舞。
华筵九秋暮，飞袂拂云雨。
翩如兰苕翠，婉如游龙举。
越艳罢前溪，吴姬停白纻。
慢态不能穷，繁姿曲向终。
低回莲破浪，凌乱雪萦风。
坠珥时流盼，修裾欲溯空。
唯愁捉不住，飞去逐惊鸿。”

这是唐代诗人李群玉描述惊鸿舞的千古名篇，全诗工整流畅，行云流水，字里行间似乎浮现出唐玄宗的梅妃江采萍那轻灵柔美的舞姿，让人充满向往。

上海地铁 11 号线北段工程 11.H.1 标跨线大桥正在转体施工

上海地铁 11 号线北段工程 11.H.1 标跨线大桥合龙段施工

美人跳舞很容易想象，可是你能想象长 127 m、重 5 500 t 的大家伙能灵巧地来个华尔兹般的转圈吗？然而，这确确实实在上海轨道交通高架桥建设史上真实发生过。

上海地铁 11 号线北段工程 11.H.1 标跨线大桥，国内首条省际轨道交通的重要节点，需要跨越沪宁高速公路昆山花桥段。该桥梁总长 280 m。与传统建桥方法最大的区别是：该桥先在沪宁高速两边平行建造两幅 127 m 的 T 构梁，再利用清晨沪宁高速公路车辆稀少之际，分两次进行逆时针 430° 的转体，分别跨越高速公路，最后将上述两幅 T 构梁端部之间的缺口由 2 m 现浇梁实现合龙，从而形成 256 m 长的主桥段。

中转体桥就位精度控制在 3 mm 以内，显著低于 10 mm 的规范要求。该工程的成功实践，创下了国内轨道交通转体桥的长度和重量之最，避免了对沪宁高速公路的影响，也为我国大吨位跨线桥建设积累了宝贵经验。

41 运营地铁线路上能否加车站

大力发展公共交通已经是公认的缓解大城市交通拥堵问题的良方，其中地铁出行因其准时高效的特点，成为大众最乐于选择的方式。以上海为例，从 2000 年起至今的 20 余年时间里，地铁出行占整个公共交通出行的比例已经从 5% 猛增至 70% 以上。可以说，地铁已经深入百姓生活，在选择购房、上学、工作及聚会的地点时，附近是否有地铁已成为老百姓非常重要的一项考量因素。

虽然，地铁为大家带来了那么多的便利，但一定也有人会遇到这样的困惑，自己去的地方正好距离前后两个车站差不多距离，不管从哪个站下车都要走挺远的路，能不能在那里加一个站呢？那样可就方便多了。在远离中心城区的轨道交通区段内，由于站间距较大，有这样疑问的人并不在少数。其实，在已经开通运营的轨道交通线路上，如果有足够的客流支撑，想要在中间增加一个车站，技术上是可行的，并已有成功案例——上海地铁 11 号线陈翔公路站。

上海地铁 11 号线是目前世界上最长的一条地铁线路，也是中国第一条跨省地铁线路，而在已运营线路上加建车站之前尚无先例，稍有不慎就会影响市民的正常出行。

陈翔公路站在 11 号线北段一期工程范围内，位于马陆站与南翔站之间，原为该区域环球乐园大型游乐园项目的公共交通配套设施，后因环球乐园项目未付诸实施，车站暂定为预留，地铁先行通车。后续区域规划定位调整，原预留车站周边规划调整为市级保障房基地，随着云翔大型居住社区及南翔东社区建设的不断深入，周边居住区楼盘陆续交付使用，站点周边逐步形成充足稳定的客源及强劲的交通需求。因此，陈翔公路站需要作为服务周边居住区民众出行的新增车站，但站位已偏离原预留位置，即本工程需要在未预留条件的前提下实现加站，在诸多方面都存在很大的实施难度。

加站成功后的车站视觉效果与普通车站并无区别

陈翔公路站投入运营后室外实景

以屋盖钢结构为例，作为既有线上新增车站，由于施工屋盖要跨越正常运营的既有线路，工人们有效作业时间每天只有列车完全停止运营后的不到三个小时，每次需要把每根跨度为 23.4 m 的钢结构拱梁吊装到 20 多米高的顶棚。为节省吊装时间，项目施工团队采用单根主梁整体拼装、系杆组装的钢结构安装技术，效率提升了 60% 以上。

陈翔公路站的成功建成，实现了全球范围内已运营地铁线不停运条件下新增车站“零的突破”。然而，尚有遗憾的是，对于地下段的地铁工程，目前还存在技术壁垒，有待轨道交通领域工程界、学术界专家进一步努力研究，希望在不久的将来，我国可以率先攻克这一世界级难题。

42 什么是虚拟建造施工

“你是我朝夕相伴触手可及的虚拟，陪着我像纸笔像自己像雨滴……”这是创作歌手陈粒的一曲《虚拟》中的歌词。随着时代的发展，虚拟数字经济在各个行业领域都得到了蓬勃发展。其中，新奇有趣的“未来虚拟城市”的概念设想尤其让年轻人充满期待，用户只需要动动手指，就可以在一个完全平行的虚拟世界建设家园、布置房间、社交娱乐、学习工作等，相应的游戏、电影、社交平台等也都十分活跃。

在地铁车站的建设过程中，目前也存在通过数字化虚拟技术进行提前模拟建造的手段，即BIM技术，全称为建筑信息模型(Building Information Modeling)。具体做法通俗地讲就是，车站中

漫游虚拟城市场景图

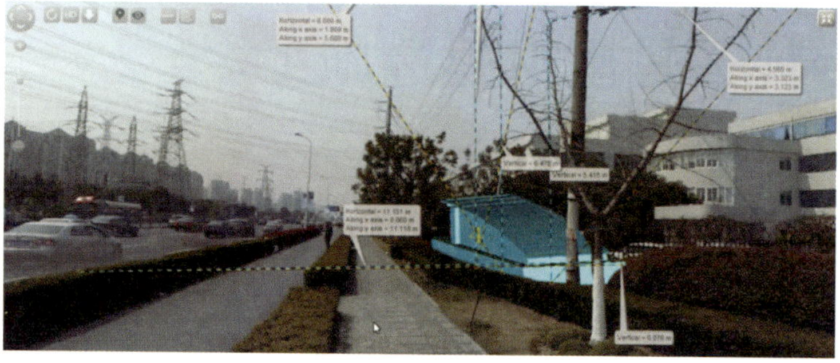

车站出入口场地仿真示例

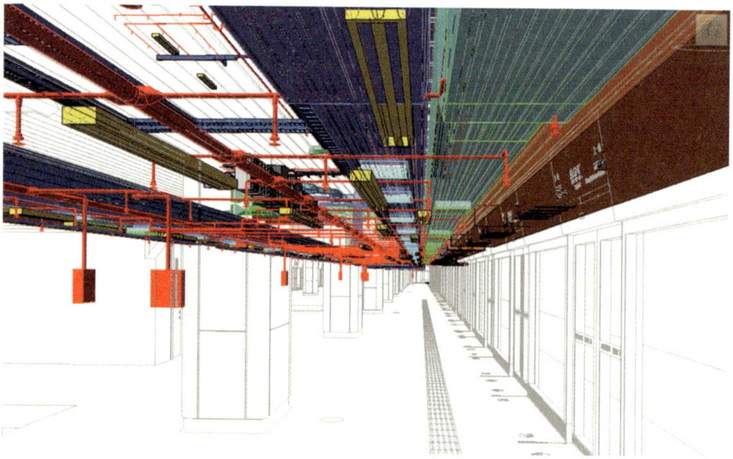

车站管线的碰撞检查

（a）道路迁改　　（b）道路复原后

道路翻交过程模拟

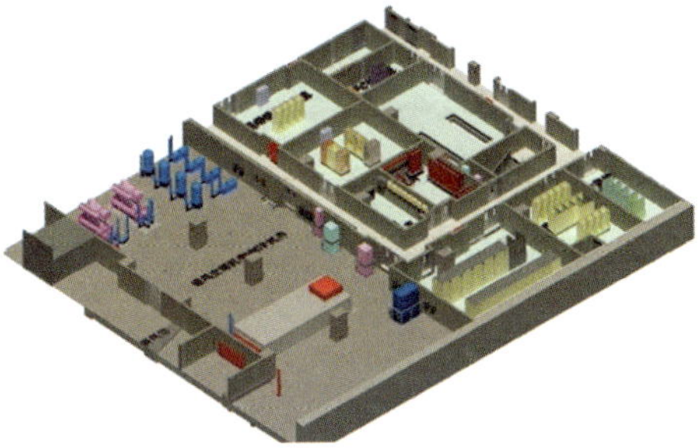

（a）预留孔洞三维模型

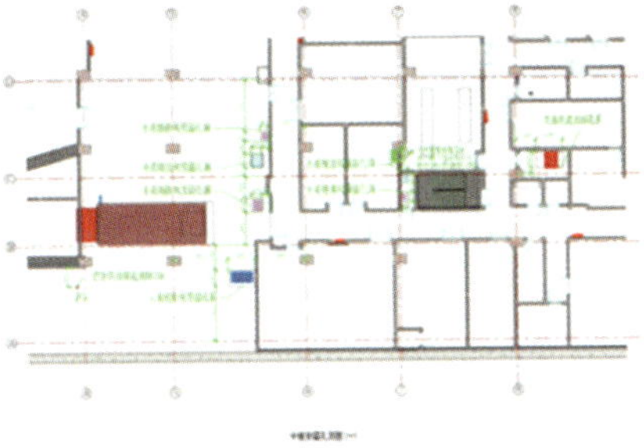

（b）中板预留孔洞辅助施工图纸

中板预留孔洞示意图

任意一个构件都可以采用三维空间立体的方式建模，同时附着相应的信息，而所建模型又可形象地百分百还原各构件的情况以供设计师做出科学决策。

在地铁车站施工过程中，利用 BIM 技术进行可视化设计管理，以实现场地现状仿真、地下管线动拆迁管理、道路翻交模拟、三维协同设计、管线综合与碰撞检查、装修效果的可视化和净高分析等，从而大大减少现场返工的工作和废弃工程量，因此 BIM 技术具有广阔的应用技术前景。

43 地铁工地围墙上为什么有时候会雾气缭绕

曾几何时，工地的扬尘是让周边居民非常头疼的一件事。路过工地的居民不得不掩鼻而过；邻近工地的住宅，早上出去桌子干干净净，晚上到家桌上已经蒙了一层灰，真是让人烦躁抓狂的经历啊。不过，这么多年来，扬尘问题其实已经改善了很多。

细心的朋友可以发现，现在我们路过地铁工地围墙时，经常可以看到墙头不断有喷雾冒出，远远望去还以为是工地的扬尘。其实，这些喷雾专业称谓是“雾化喷淋”，这是目前以人为本、环境和谐理念下，开展文明施工的一项重要措施。通过专门的雾化装置，可将水体

某高铁站附近地铁车站工地围墙上的雾化喷淋（定向式）

某地铁车站工地围墙上的雾化喷淋（转向式）

加工成大量雾状的小液滴，持续向空中喷射，形成罩住工地边界的水幕屏障，从而有效降低施工场地内扬尘对周边环境的影响，目前该措施已经在国内工程界积极推广。行人从雾化喷淋下走过时感觉像清清凉凉的“毛毛雨”。喷淋管的喷嘴有的是固定不动的，称为定向式，有的则可以不断转向，以辐射更大的范围，称为转向式。

44 地铁工地会呼吸吗

施工工地仿佛是脏乱差的代名词，让人避之不及。曾经各施工现场项目部在工期为先、效率至上的思想驱动下，认定尽快完成项目才是王道。随着以人为本、环境和谐的理念逐渐深入人心，文明施工日益受到重视，工地也变得更整洁、更安全、更美观。其中，最容易被普通民众感受到的就是工地的围挡。从最早才到膝盖高的水马，到后来的纯色彩钢板，再到砂浆抹面的砌体墙，而砌体墙表面涂刷的装饰画也从各种口号、公益广告、艺术创作画等发展到了塑料仿真花草。

上述举措只是大大改善工地外观的“颜值”，让人心情更为愉悦，但是实质上并未体现节能减排效果。地铁建设作为大型公共基础设施

铺设真实植物的施工围挡

的重要组成部分，应积极推进落实“碳达峰”“碳中和”的举措。目前，个别车站在施工围挡形式创新方面做了进一步的尝试，通过在围挡采用具有自动滴灌能力的植物绿化替代传统的围挡墙进行围蔽，既可以吸收施工机械产生的部分碳排放、光、热，实现工地的增氧固碳，同时自身外观也成为市中心施工的一道亮丽风景线，实现了绿色循环法营造“会呼吸”的施工场地。

45 如何降低地铁建设中的噪声

噪声对人体的危害是全身性的，既可以引起听觉系统的变化，也可以对非听觉系统产生影响。这些影响早期主要是生理性改变，长期接触比较强烈的噪声可能引起病理性改变。噪声反复长时间地刺激，一旦超过人的生理承受能力，就会对中枢神经系统造成损害，从而导致神经衰弱综合征，可出现头痛、头昏、耳鸣、易疲倦以及睡眠不良等症状，还可能引起记忆力、思考力、学习能力和阅读能力的降低等神经行为效应。同时，强声刺激下还可能引起交感神经紧张，引发呼吸和脉搏加快、血压升高、发冷、出汗、心律不齐、胃液分泌减少、抑制胃肠运动和食欲不良等情况的出现。

施工现场的临时路面及临时混凝土构件

原有市政道路路面破除

“咚咚咚……”“当当当……”“哒哒哒……”你有没有被这些讨人嫌的强噪声打扰的经历？在慵懒赖床的假日清晨被吵醒而怒发冲冠，在急切想入睡的午夜被吵到烦躁不安，在原本可以努力学习 / 工作的白天被吵到无法集中精力，严重时甚至面对面说话的两个人也是只见嘴动，不闻其声，导致难以交流。那么，地铁施工工地为什么会有“突突突”这种讨人嫌的强噪声呢？

其实，在施工现场为满足施工机械行走和渣土运输需要，需要采用钢筋混凝土施工临时道路和必要的混凝土支撑构件，这些结构物均属于施工阶段的临时结构物，施工完成后是要拆除的。此外，对于处于市政道路下方的车站，施工前还需要提前对既有城市道路结构层进行破除。由于上述施工作业均会产生强噪声，因而它们经常成为施工工地周边民众投诉的焦点。此类扰民问题已经逐渐受到建设方和监管方的重视，以上海为例，目前市中心区域已全面推行对废弃混凝土构件通过绳锯切割工艺或定向爆破等措施进行破除的方案，相应地，噪声强度和持续时间较之前也已大为减少。

46 道路上突然出现的大车间是什么

地铁，顾名思义地下的铁道，地铁车站作为处于地表以下的建筑物，在普通老百姓的认知里，地铁车站的工地总该在地面上的，不该是一幢高高的楼宇吧。但是也会有小伙伴惊奇地发现，坐落在道路范围内的一幢高高大大的铁皮房子，就像工厂里的大车间，但是底部的铭牌上赫然写着“上海地铁 ×× 号线 ×× 车站工程”……这幢大房子竟然是地铁车站的工地？地铁难道要建到天上去了吗？其实啊，大房子就是地铁工地这句话，说对也不对。此话怎讲？且听我慢慢道来。

这个铁皮大房子其实是一种美观大气的新型工棚，即“全封闭式绿色施工棚”，它可以将整座工地的施工作业全部封闭在内。所以，其实工地还是那个地面上的工地，只是被罩上了工棚的外表。

全封闭式绿色施工棚将工地建设转变为工厂化建设，施工过程中产生的扬尘、噪声、噪光得到了有效封闭，从而大大降低了施工对周围环境的影响，改善了地面景观效果；工地内吊装、挖土施工等均改变了传统作业方式，避免恶劣天气的侵扰，可实现全天候施工，从而提高了建设效率，也改善了施工人员的工作环境和工程材料的放置环境。

以上海地铁 14 号线陆家嘴站为例，该站所在的陆家嘴地区是世界级的金融中心，不仅是上海最繁华的地带之一，四周高端商务楼宇鳞次栉比，还是上海黄浦江东岸最佳景观区，若在这里进行噪声不断、尘土飞扬的敞开式施工是难以想象的。

为了最大程度地减少施工带来的影响，从车站开挖到结构封顶，施工方度身定制了长 136 m、宽 42 m 的全封闭式绿色施工棚，外部包裹玻璃幕墙、垂直绿植，使之与周边建筑风格融为一体，它是上海最大的室外封闭式工地。施工大棚内同时配备了 $PM_{2.5}$ 智能监控系统、自动喷淋系统、噪声监测仪等先进设备，以严格监控、限制施工过程中产生的声、光、尘对周边环境的影响。经过现场实测，施工噪声由原

上海最大全封闭式绿色施工棚车站 14 号线陆家嘴站
（图片来源：https://www.kankanews.com/a/2019-01-19/0038728383.shtml）

上海地铁 14 号线陆家嘴站全封闭施工棚鸟瞰
（图片来源：https://www.kankanews.com/a/2019-01-19/0038728383.shtml）

上海地铁 14 号线陆家嘴站全封闭施工棚内景
（图片来源：https://www.kankanews.com/a/2019-01-19/0038728383.shtml）

先约 90 dB 降至 40 dB，即在工地外感受到的地铁施工声音只相当于普通人听到的冰箱嗡嗡声。全封闭的绿色施工棚采用了钢结构，目前成本还比较高，随着应用范围的不断扩大，今后采用此种施工形式的地铁车站也将逐步增多。

47 谁是爱洗澡的“大个子”

大家都知道广东人爱喝汤，东北人爱洗澡。对于浴池的热衷和洗澡的热情在东北这片黑土地上是无关性别、不分年龄的，甚至东北大汉们相约一起去泡澡都成了一种“刚需”的社交活动。

细心观察的小伙伴可以发现，有趣的是，每一辆从工地里开出来的大个子——土方车，不管是晴天还是雨天，在道路上留下的车轮痕迹都是湿的呢。是不是很奇怪？难道工地里都是大水塘？还是因为车辆也爱上了泡澡？泡完澡才出来干活的吗？

这么说其实只对了一半，并不是“泡完澡”而是“冲完了澡”。说起这个，就要先回想一下原来的情况，经常开车的老司机们应该记得，从前凡是建筑工地附近的道路上，经常可以看到一坨坨被压扁的泥巴，把好好的沥青路面搞得非常难看。其实，这些泥巴就是从工地出来的渣土车上掉落下来的废弃渣土，沾到路面上后，随着逐步干燥且被过往车辆反复碾压、摩擦，最终成了道路垃圾和扬尘，严重影响城市环

正在冲洗车轮的土方车

境。但是，目前这种情况已经很少见了。

由于施工场地内路面上不可避免地存在较多渣土，运输车辆在工地内行驶后轮胎上将有不同程度的沾泥，根据目前文明施工的要求，以上海市为例，所有工地都要设置洗车池，车辆出场前，必须强制进行轮胎污泥冲洗，所以，这些车辆从施工场地出来在道路上留下的车辙自然都是湿的啦。

工地自动洗车池

工地手动冲洗区

48 谁是为你的岁月静好而默默负重的“铁汉子”

网络上曾非常流行一句话：“哪有什么岁月静好，不过是有人替你负重前行。”此话揭示了一个真相，即其实并不存在所谓命该如此的幸福和好运，表面看似理所当然，背后一定是有人心甘情愿地为此默默守护或是提前踏平了坎坷。

再来看我们的地铁建设，在工地大门口那不起眼的地面上，也有这样一位低调内敛的“铁汉子”，在默默无闻地守护着我们的岁月静好。每当我们路过工地门口的时候，或许只有细心的朋友才会注意到，工地门口的路面上都会铺着钢板，而这些钢板表面一般还会设置条纹或刻痕

工地门口铺设的钢板

来防滑。那为什么要有它呢？概括起来有两个原因：防护 + 预警。

首先，进出工地的车辆一般载重都较大，当它们从工地出来进入城市道路前，通常需要非常注意交通情况，常常会出现急停急起，这种急停急起其实对路面的冲击、碾压作用超过了普通路段所能承受的，时间一长路面必然损坏，而铺设钢板后则可以有效形成对路面的防护，同时也削弱了大型载重车辆经过时对门口地下敷设的电力、通信、燃气等管线的冲击，加强了安全性。

其次，当大型载重车辆驶过钢板时驾驶者会有明显的感觉，这种感观上的变化可以提示司机进入了重点区域，尤其需要注意安全。同时，沿着市政道路通行的电瓶车、自行车骑手，也会由于看到表面凸起的钢板而减速，这也在一定程度上起到了预警作用。

通过对这位默默负重的“铁汉子”的了解，相信以后我们再看到它时也会格外小心留意。不过要记住，那里毕竟是交通要道，切忌长时间逗留，安全第一哦！

49 当前地铁建设中应用了哪些低碳技术

“双碳”是现在的热点，即“碳达峰”“碳中和”。在第七十五届联合国大会一般性辩论上习近平总书记向全世界庄严承诺：中国“二氧化碳排放力争于2030年前达到峰值，努力争取2060年前实现碳中和。”随后，中共中央、国务院也发布了关于碳达峰、碳中和的指导意见，特别提出“积极引导低碳出行，加快城市轨道交通等大容量公共交通基础设施建设。”该意见充分揭示了绿色低碳背景下轨道交通的定位和发展方向，同时，绿色低碳也是轨道交通发展的重大机遇。

为了可持续发展的要求，轨道交通的建设者们孜孜不倦地进行着有关低碳技术的探索和实践，在以上海为代表的软土地区，地铁建设阶段目前已总体形成了四大领域的低碳技术应用，分别为：预制装配技术、车站软土暗挖技术、隧道微扰动施工技术和既有结构综合改造技术。

（1）预制拼装技术，即把模块化、智能化、机械化的工业制造方式充分结合到基础设施建设中，相比传统的现场浇筑法，该技术避免了大量的模板、支架、人工操作和交通运输成本，并可显著降低对水泥、砂石料等建筑原材料的开采和使用，因而这是降低碳排放最直接的手段。

（2）车站软土暗挖技术，即通过无须开挖地面的地下静默掘进方式，规避了对地面上方的既有建（构）筑物的拆除或异地重建，也规避了会影响大众生活的市政公用管线的反复搬迁，如此便可大大节省地铁工程建造直接成本以外不必要的工程建设费用以及钢筋混凝土的用量，从而降低碳排放。

建设低碳绿色且环境和谐的轨道交通

(3) 隧道微扰动施工技术，即通过智能化数据采集和高精度的施工控制，在保证工程安全以及环境影响满足要求的前提下，尽可能地降低隧道注浆用量且避免沿线不必要的地基加固和既有结构加固，如此便可节省大量水泥、水资源及钢筋混凝土的使用，由于地铁隧道建设里程较长，因此便能取得十分可观的碳减排量。

(4) 既有结构综合改造技术，即通过地铁车站主体、风井、出入口等部分与既有结构的结合设置，将完全新建改为局部改建，从而避免大量的重复建设行为，从源头上降低了碳排放量。

参考文献

[1] 2021 年中国火灾死亡人数、受伤人数、造成直接财产损失及引发火灾的主要原因分析 [EB/OL].[2021-09-16]. https://www.chyxx.com/industry/202202/996318.html。

[2] 中华人民共和国住房和城乡建设部 . 城市轨道交通工程监测技术规范：GB 50911-2013[S]. 北京：中国建筑工业出版社 .

[3] 世纪大道站 [EB/OL].[2022-06-20]. https://baike.baidu.com/item/%E4%B8%96%E7%BA%AA%E5%A4%A7%E9%81%93%E7%AB%99/4166650?fr=aladdin.

[4] 人民广场站 [EB/OL].[2022-04-26]. https://baike.baidu.com/item/%E4%BA%BA%E6%B0%91%E5%B9%BF%E5%9C%BA%E7%AB%99/4166551?fr=aladdin.

[5] 吴中路站 [EB/OL].[2022-07-10]. https://baike.baidu.com/item/%E5%90%B4%E4%B8%AD%E8%B7%AF%E7%AB%99/15826204?fr=aladdin.

[6] 打浦桥站 [EB/OL].[2022-08-05]. https://baike.baidu.com/item/%E6%89%93%E6%B5%A6%E6%A1%A5%E7%AB%99?fromModule=lemma_search-box.

[7] 日月光中心广场 [EB/OL].[2022-06-23]. https://baike.baidu.com/item/%E6%97%A5%E6%9C%88%E5%85%89%E4%B8%AD%E5%BF%83%E5%B9%BF%E5%9C%BA/9886196?fr=aladdin#2.

[8] 噪声危害 [EB/OL].[2022-07-21]. https://baike.baidu.com/item/%E5%99%AA%E5%A3%B0%E5%8D%B1%E5%AE%B3/8208032?fr=aladdin.